オンナひとり、ときどきふたり飲み

沼 由美子

交通新聞社

小さな悦び〝スキマ飲み〟で、毎日なんとか乗り越えている

今夜はあの店のハイボールを飲まずに帰れまい。

こんな気持ちいい空の下、プハッっといっちゃおうか。

久しぶりにマスターのお顔を拝みに行きたいな。

ひとり飲みの入り口はどこにでも開かれていて、素直な欲望に従えばたやすく入ることができる。

なにも、女気のない盛り場に乗り込もうとか、たじろぐくらいムーディなバーに行こうと薦めているのではないのです。気張っていては、心はほぐれません。

自分の好きな店で、好きなお酒を、好きなペースで飲む、という自由。でもせっかくならば、店主はなごみ系だとありがたいし、お酒もツマミもできればおいしい方がいい。シチュエーションに密やかなおもしろみがあるほど心は躍る。

私が幸せを感じるのは……ひと口飲んだだけでほくそ笑んじゃうようなカクテルに出合えた瞬間、昼下がりのそば屋で一杯飲むゆるやかさ、年季の入った喫茶店でフィズを味わうこっそり感（ジュースを飲んでるようにしか見えない？）。庭園の茶屋ならリラックス度倍増、空港の展望デッキなら旅に出ずとも旅情が勝手に盛りあがる（たぶん、アル中ではないはず）。私にとってこんな小さな悦びの瞬間が、日々の活力になっているといっても過言ではありません。

そこには、家飲みにはない静かな刺激があります。隣客の粋なオーダーの仕方を密かに学んだり、酒場ならではのドラマチックなシーンに出くわしたり。スマートな振る舞いのお客さんを見て、自分も少しだけ背筋を正したり。店主やお客、空間が作り出す、その場所とその時間だけの空気感。味わっているのはお酒だけではないのです。

女も男もとかく忙しいアラフォー世代。仕事に家庭に子育てに、ってみんな諸事情があります。その隙間をぬってでも、息抜きの時間は確保したい。そのタイミングは人ぞれぞれ。誰かと一緒でも一緒じゃなくても、心の息抜きができる場所、時間が必要です。そこにお酒があれば、なお幸せ。

今日を幸せな一杯で締めれば、明日もがんばれる気がするのです。

もくじ

第3章 旅のにおいのする場所で

第6章　そば屋酒を嗜む

＊本書の内容は２０１５年3月現在のものです。
値段における税込・税別は、各店店頭での表記に準じています。

第1章

バーのすすめ

疲れたときこそ行きたくなる

バーで味わう〝茶の湯〟的世界 in 新橋

好きな酒場ならたくさんある。でももし、今日はひとりでおいしいお酒が飲みたい、ぼろ雑巾のように疲れきった心と身体を癒やしたい……なんてときは、バーに限る。

カウンター席は女性ひとりでも居心地よく、隣席の交わるでも交わらないでもない会話はほどよいBGMとなり、今まさに飲みたいお酒をリクエストする。強いのor軽いの、さっぱりしたものや季節の果実を使ったもの、体によさそうな薬草酒でなにか、なんて、メニューからではなくバーテンダーとの会話やそのときの気分にあったものを望める。自分のために目の前で作られる一杯は、即興の料理のよう。バーテンダーの流れるような手さばきや身のこなしを眺められるのも愉しみである。

唐突なようだが、バーって「茶の湯」のようだ。店主の趣向やセンスを反映した店内は、いわば茶室。カウンターやバックバー、そこに並べるお酒、店内を彩る装

◉飲みたいお酒

カクテルの名前がわからずとも、味のタイプやアルコールの強さ、ベースとなるアルコールの希望、バーに立ち寄る前の食事内容、そのときの気分などを伝えてリクエストしてもOK。「唯一、『私のイメージにあったものを』は困ります……」と、とあるバーテンダー談。気をつけよう！

飾で来るべきお客のために店をしつらえ、グラスを吟味し、そして目の前にいる人のための一杯でもてなす。そこには小宇宙的世界が広がっている。

だからバーとひと言でくくっても世の中にひとつとして同じ空間はないし、スタンダードなカクテルだってそのバーごとの味がある。一軒ごとに違う世界観を味わえ、日常から抜け出すつかの間、気持ちを楽に泳がせることができるのだ。

バーへの小さなトリップ。それはすでに目的地へのアプローチから始まっている。

少々くたびれた背広のサラリーマン、セカンドバッグを小脇にかかえた職業不明のオジサン、今夜の開店に備えてせわしなく準備する居酒屋の店員。新橋駅烏森口を降りた先は、今日もざわざわと人がひしめいている。昭和テイスト満載の奥深き迷宮・ニュー新橋ビルを横目に歩くこと約3分。電飾看板に店名の文字を確認して雑居ビルの地下へ潜る。

『LAND《ランド》 BAR《バー》 artisan《アルチザン》』は扉1枚だけの小さな店で、中はまったく見えず、値段表記もない。知らなければとても入る勇気などないが、この先にはなごめる空間が広がっていて、誠実なバーテンダーが出迎え、おいしいお酒で心のたがを緩められることを知っている。バーへの行き道の雑踏が、いっそうの穴場感とギャップを生む。

たった6席のみ。豪奢な意匠を凝らしているわけではないが、黒い蝶ネクタイを

●雑居ビル
同フロアに昭和感たっぷりの小料理屋、スナック、など小さな店がギュッと詰まっている。

●スカイボール
スミノフ社が自社ブランドのウオッカを使ったカクテルとして1960年代後半に売り出した。トニックウォーター、レモン果汁が入る爽やかな味わい。60〜70年代の米航空宇宙局（NASA）の月への有人宇宙飛行計画「アポロ計画」にちなんで命名された。

した坊主頭のオーナーバーテンダー、伊藤大輔さんが自然体の笑顔で出迎えてくれる。凛としているのに気取りがなくて、のどかな気持ちになる。

何にしようかな。香りのいいおしぼりで手を拭いながら、注文を考える。1杯目らしい爽快感があって、気分を切り替えられるものは……。

「スカイボールはどうですか？　アポロ計画の際に宇宙開発に憧れていたアメリカで作られたカクテルなんですよ」

誕生の背景をちらりと聞くだけで興味が湧く。お願いすると、キンキンに冷えた銅製のマグカップには、「SKYBALL」の文字が刻まれている。ある時期だけ、ウオッカメーカーのスミノフ社で造られていたものだという。カクテルと器のコンビネーションに込められた、こんな洒落っ気にもときめくものである。

次にジントニックをお願いすると、「昼と夜、どちらのバージョンがいいですか」と伊藤さん。そんなこと聞かれたら両方飲んでみたいじゃないですか。

レモンピールが浮かぶ昼バージョンは、サパサパ飲める、まるで〝酎ハイ〟のごときジントニックであった。伊藤さんがイメージしたのはなんとキリンレモンだという。

「長い間飲み継がれている国民的飲料だけあって、酸と甘みのバランスが絶妙なんですよね。日本人の誰もがおいしいと思うような」

ジンは〈ビーフィーター〉。後から炭酸水を注ぐことで、ジンより比重の軽い炭酸水の方がつねに浮いている状態で、飲み口はさっぱり軽く、味に立体感も生まれるという。

◉スミノフ社
世界的なウオッカのブランド。ウオッカとジンジャー入りの炭酸水のカクテル「モスコミュール」を、1940年代初頭に生み出したブランドでもある。

◉ジントニック
ジンをベースにしたロングカクテルで、とてもポピュラー。ジン＋トニックウォーターを基本とするシンプルなレシピだけに、氷の具合や炭酸の種類、甘さ、ライム or レモンを添えるなど、バーテンダーごと微妙に違いがある。

◉ビーフィーター
『ロンドン ドライジン』のブランドとしてのこだわりから、今なお、ロンドンで蒸留を続けている唯一のジン。1820年の創業以来変わらぬ秘伝のレシピを守り、ラベルにはロンドン塔の近衛兵（ビーフィーター）が描かれる。爽やかな柑橘系の味わいが特徴。

右がキリンレモン的昼仕様ジントニック。左が夜仕様。

ウオッカベースのスカイボール。爽やかな飲み口。

扉を開けるのはちょっと勇気がいる？　ドキドキ。

シンプルな空間が会話やカクテルでにわかに色めく。

伊藤さんが独立前に営んでいた銀座『LAND BAR』。喪黒福造が通っていそう。

そして夜バージョンは、〝ジンを味わうジントニック〟。使うのは、華やかな香りの〈モンキー47〉と、武骨な〈No.3ロンドン・ドライジン〉の2種。入っているジンの量は昼仕様と同量なのにグンとジンの存在感が際立ち、食後にでもじっくり飲みたい味わいである。

ジントニックひとつとっても、この研究心！　新鮮な驚きと発見に愉快になると同時に、伊藤さんのストイックさに一目置いてしまう。なにせ師匠の職人気質の艶っぽいカクテルに憧れて、少しでも近づけるよう師匠の好むものを食べ、師匠の大柄な体型に寄せるために20kgも増量したという。

「結果、コピーはコピーでしかないことがわかりました。でもやるだけのことはやって悔いなし、です。あ、体質だけは似てきました。尿管結石になりやすいとか……」

一緒に話を聞いていた隣席の男性客は、夕暮れ前の1時間こちらに寄り、これから娘を保育園に迎えに行くという。平日休みのこの時間が憩いなのだとか。しばらくすると、今度は出勤前のバーテンダーがやってきた。店にはびっくりするようなお偉いさんがやって来ることもしばしばで、ある晩には老齢の富豪が私と連れにもった

◉モンキー47
産地はドイツ。47ものボタニカル（草根木皮）が使われる、極めて芳醇なジン。主要な原料のジュニパーベリー（ネズの実）の青い香り、爽やかな柑橘の香り、後味に広がるスパイスの風味など、複雑でいて全体の調和が秀逸。

◉No.3ロンドン・ドライジン
300年超の歴史を持つ、英国王室御用達を受ける「ベリー・ブラザース・アンド・ラッド社」から登場した〝ワイン商が造るプレミアムジン〟。原料のジュニパーベリーを正面に据えてロンドン・ドライジンの本質を表現すること、「クラシックドライマティーニ」に最も合うジンであることをコンセプトとしている。

◉師匠
銀座『スタア・バー』オーナーバーテンダーで、（社）日本バーテンダー協会の会長、岸久さん。96年、最も権威ある「第21回世界カクテル・コンペティション」（3年に一度開催）において優勝、世界一に。伊藤さんは岸さんの下で8年、姉妹店の銀座『LAND BAR』で4年を経て独立。

いないようなウイスキーをごちそうしてくれたことがあった。

伊藤さん曰く、「バーって社交場なんです。他のお客様の話を雑音としか聞かなければそれまでですし、自分を主張してばかりじゃ調和が取れない。限られたひとつの空間に共存する楽しみがありますし、異業種交流の場といっていいかもしれません」

ドラマのように、私はバーで酔客に口説き攻めにあったことなどない。「あちらのお客様からです」なんてことも一度もない。でももし、しつこい酔客がいたら?

「バーテンダーにそっと言うべきです。なにかしらの方法で女性のお客様をガードします。それができないバーテンダーの店なら行かない方がいいです」

そして、伊藤さんはこう続けた。「バーの世界は、野暮と思われたら終わり。何が野暮なのかはご自分でお考えください、としか言えません」。

そのとき、私の頭に浮かんだのは……以前ひどく酔っ払って、伊藤さんの目の前でスツールからずっこけ落ちた自分のことだった。ああ、恥! あんな無様な醜態は野暮以外のなにものでもない。まったくもってスマートな大人にはほど遠いのだけど、ここにお邪魔して少しでも近づいていけたらいいなと思う。

LAND BAR artisan ランドバー アルチザン

2014年12月開店。約4坪、カウンター6席のみ。営業は14時〜、時間を見つけて通うお客多数。確実なカクテルの技術、豊富な知識、そしてなにより自然体で無理のない伊藤大輔さんの接客に惚れてしまう。チャージ1000円。

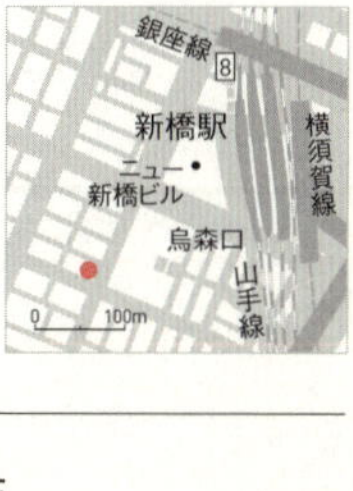

東京都港区新橋 3-15-6 村上ビル B1F
☎ 03・3433・4322

ほの明るい夕暮れからスタンディングで

瞬殺の業！ 一杯で天国行きハイボール in 銀座

おいしいハイボールが飲みたい。

うだるような暑い夏の一日。上野駅の地下鉄から階段をのったり這い上がってくると、目を上げた先に淡い紫色に暮れかけてきた空が広がっていて、心の底からそう思った。都心の異常なまでの暑さのせいか、あれほど溺愛していた生ビールでさえも重たく感じるようになってしまった（生ビールのベストシーズンは体も空気も乾燥にさらされる冬だと思っている……って、結局、年中飲んでるんだけどさ）。

ここ数年、夏の夕暮れに喉が欲するのはすっかりハイボールがお決まりだ。

サパーーッと喉越しが爽快で、後味に〝後くされ〟がなく、一杯でゴキゲンになれる。そういえばあるラム専門店のバーテンダーから耳にしたのだが、そもそも南国で飲まれていたモヒートが世界的にここまでブレイクしたのは、映画や大手メーカーの影響力だけでなく、「温暖化の影響も一理ある」と言われているという。蒸留酒＋炭酸水が生む爽快感は、生ビールとはまた違う痛烈なものがある。

●ハイボール
「上がる泡」を表現した言葉で、広義ではアルコールを炭酸清涼飲料で割ったロングドリンク。日本ではウイスキーを炭酸水で割ったものを指すのが一般的。ちなみに「酎ハイ」は〝焼酎ハイボール〟の略。

心はハイボールに憑りつかれ、超速で上野アメ横での用事を済ませ、再び地下鉄へ潜り込んだ。いや、アメ横界隈にだっていくらでもハイボールを飲める店はある。でもここは、大衆酒場の横綱級エリア。なにせ私は根が小心者なもので、店の隅々まで知り尽くしていそうな常連客や盛り上がっているグループ客のなかで、平然とひとり飲みを実践できる勇気は持ち合わせていない。テーブル席に案内されたら気まずいなぁ（ぽつん）。キョドってる顔が泥酔客の目に留まったらどうしよう（どきどき）。なんて小さな不安がよぎる。ワイワイ賑やかな大衆酒場は、むしろ私にはひとり飲みのハードルが高すぎる……。

やっぱりスタンディング、あるいはカウンターでさくっと飲めるバーがいい。まだほの明るい夕暮れ。心に焚きついた〝ハイボール欲〟を満たすため、一目散に銀座を目指した。

なぜ銀座か？　私にとって銀座は最高峰のハイボールパラダイスなのだ！

たとえば、ハイボール人気の火付け役ともいわれる『銀座 ロックフィッシュ』。氷なし、味に厚みがあるサントリー角瓶43度復刻版を使用。稀少なウイスキーを使ったハイボールは、お客の約9割がオーダーするという。ひとひねり効いたツマミも見逃せない。

『BRICK 銀座店』は1951年創業。銀座で初めて〈トリス〉を提供したバーとし

●モヒート
ラムとライムジュース、砂糖、炭酸水、ミントの葉を用いるカクテル。夏を代表するカクテルであったが、いつでもフレッシュミントが手に入ることから通年提供するバーも多い。映画『パイレーツ・オブ・カリビアン』のジョニー・デップ演じるジャック・スパロウがいつも飲んでいる酒がラムで、映画のヒットと合わせてブームに火が付いたとも。

て知られ、トリスハイは店の顔といえる。間口は広いが実は硬派。カクテルは、〝カクテルレシピの古典中の古典〟と言われる英国『サヴォイ・カクテルブック』の製法に倣い、流行に流されずスタンダードのみを扱う。

関西で創業した有名老舗バーの系列となる『銀座サンボア』『数寄屋橋サンボア』では、伝統のハイボールを継いでいる。

と、ハイボールの名店が密集。しかも、うれしいことにどちらも開店は15時頃から。早い時間は空いていて、なお足を向けやすいのです。ぐふふ。

7丁目にある『数寄屋橋サンボア』へ急ぎ足で向かう。路面店でバーには珍しく広い窓があり、外観の上品な白いファサードが目印である。数席の椅子席もあるが、カウンターはスタンディング席となっており、このフランクさが心地よい。かといって、店内は木目調でまとめられており、とってもエレガント。女性ひとりでも場の空気を乱すことも、酒場のヌシのようなオヤジ客にからかわれることもなく、スマートに飲める。心おきなく店の扉を開けられるのだ。

純白のバーコートをまとうオーナーバーテンダー・津田敦史さんにカウンターのお客とお客の合間へ案内されると、1杯目は合言葉のようにハイボールをお願いする。

すぐさまグラスが置かれ、サントリー角瓶のイエローラベルをザッと注いだと思ったら（ダブルの量が入ります！）、ウィルキンソンの炭酸の瓶を直角にし、1本を一気に注ぎ入れる。氷はなし。まさに〝瞬殺〟の業！　おかげでステアなしでも立ち上る

◉ダブル
日本でシングルの量といえば大半が30㎖、ダブルはその倍の60㎖を指す。が、店によってはウイスキーのシングルを45㎖、あるいはイギリスの一部の地域で用いられているように60㎖に決めているところもある。

◉ステア
stir【英】＝軽くかき混ぜること。カクテルをつくる技法のひとつで、長い柄の中央付近が螺旋状にねじれているバースプーンを用いる。シェイクでは濁ってしまう場合などにも使われる。

『数寄屋橋サンボア』の代名詞、氷なしハイボール。カレーそら豆がいいツマミに。

カクテルもいろいろ楽しめる。

軽やかさと深みがある色調で統一。

新聞を置くのがサンボア流。

注文から数十秒。差し出されたハイボールからレモンの香気が立ち上る。

泡でウイスキーと炭酸が調和し、濃厚なハイボールができあがる。

なみなみと注がれ溢れそうなグラスの底から、勢いよく金色の美しい泡が立ち上る。こぼさないようにそーっと持ち上げ、静かに口を近づける。仕上げに魔法をかけるように振りかけたレモンピールの香気が爽やかに香る。口の中にしっかり濃いウイスキーの味がキュウッと染みわたり、滑るように喉をすり抜け、ズンと胃の中に納まった。ひと口目の余韻がジーンと広がっている間も、金色の泡はシュワシュワと弾け続けていて、麗しい見目でも十分に〝ハイボール欲〟を満たしてくれる。

この氷なしハイボールは店の看板ともいえるお酒である。関西・関東に14店舗を構える名門老舗バー『サンボア』は、そもそもは1918年（大正7）の創業。デフォルトで使うウイスキーの銘柄や注ぎ方が違ったり、スタイルが異なる店もあるが、ハイボールが氷なしなのは、冷蔵庫がなく氷も貴重だった時代の名残だという。

同店で10年以上修業しなければ看板を掲げられず、こちらのマスター・津田さんも大阪・堂島、東京・銀座を経て、2010年に自身の店を開いた。カウンターの上に新聞が置かれているのも同店で受け継がれる伝統だ。

歩いて数分の『銀座サンボア』が深い色味でまとめた重厚感のある内装に対し、こちらはもう少し明るく軽やかな印象。津田さん自身が感銘を受けたという、フランス・パリのヴァンドーム広場にある「ホテル リッツ」のバーをモデルにしたという。女性ひとりでも入りやすい雰囲気はそういった内装にもあるし、何をおいても店を仕切る津田さんのもてなしが大きい。

白いバーコートは清潔さと清廉な心持ちの表れ。きっちりしているのに柔らかさもある。場所柄、深い時間ともなれば仕事終わりの夜の蝶たちが立ち寄ることもあり、グラスシャンパンも常時楽しめる。

もう一杯おかわりしようか。それとも銀座ハイボール行脚に出ようか。ダブルのウイスキーをきっちり注いだ渾身の一杯が、期待以上に効いてくる。まだ宵の口だというのに、相当にゴキゲンになっている。

一杯のその爽快感たるや！
銀座でハイボール行脚

銀座 ロックフィッシュ

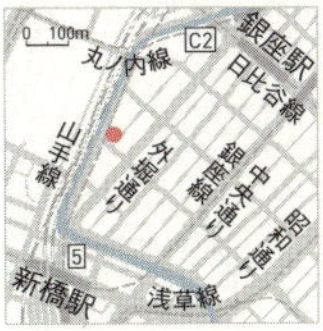

カウンター席とテーブル席あり。混んでくると立ち飲みが出るほどの人気店。オーナーバーテンダーの間口一就さんはおつまみ本の著書もあり、缶詰にひと手間加えた一品も美味。チャージ無

東京都中央区銀座 7-2-14 第 26 ポールスタービル 2F
☎ 03・5537・6900

BRICK 銀座店

創業以来、無休を貫くタフなバー。4 フロアにまたがり、ロングカウンター他テーブル席あり。磨き上げた調度が格好いい。手塩にかけたぬか漬け「ブリック漬け」も名物。チャージ無、サービス料10%

東京都中央区銀座 8-5-5 ブリックビルディング B1～ 3F
☎ 03・3571・1180

銀座サンボア

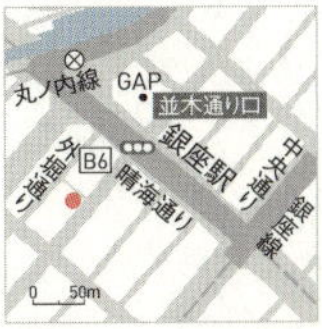

スタンディングのカウンターではお通しの殻付きピーナッツ（不要なら断ってOK）の殻を床に落とすのがサンボア流。テーブル席もあり、ゴージャスなビフカツサンド等フードも充実。チャージ無

東京都中央区銀座 5-4-7 銀座サワモトビル B1F
☎ 03・5568・6155

数寄屋橋サンボア

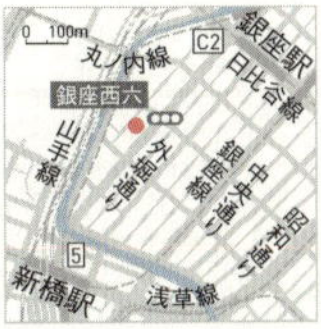

スタンディングを中心に、テーブル席 6 席あり。ツマミはなし。お通しのカレーそら豆（不要な場合は断って OK）が唯一かつ、ほどよいアテになる。フルーツカクテルもお試しあれ。チャージ無

東京都中央区銀座 7-3-16 東五ビル 1F
☎ 03・3572・5466

バーは夜だけのものではありません

隙あらば訪れたい白昼のエスケープ in 南青山

打ち合わせが思いのほか早く終わった。隙あらばお酒が飲みたい性分の私としては、まだ陽は高くとも、「しめしめ」と心はすでに浮足立っている。さあて、どこのバーに行こうかな。

バーはなにも夜にだけ向かう場所じゃない。オーセンティックなバーでも明るいうちから開いている店って、実は結構ある。神楽坂の『歯車』や『サンルーカル』、それに帝国ホテルの『オールドインペリアルバー』、パレスホテル東京の『ロイヤルバー』など昼からやっているホテルのバーもしかり。出先での銭湯ひとっ風呂もたまらんリフレッシュ感を味わえるけど（これも趣味。手ぬぐい1枚買って）、〝昼バー〟のエスケープ感は格別。日常から逃れてエアポケット空間に入るようで、注意しなければクセになってしまいそうである。あぶない、あぶない。

日中の街の店はいつもどおりに営業し、通りにはビジネスマンや買い物客が行きかう。そんな時間帯にそっとバーの扉を押す時の、少々の背徳感とそれに反比例するような

●『歯車』『サンルーカル』
両店とも神楽坂にあるグッドバー。『歯車』は、明かりをかなり落としロウソクを灯している。バックバーにボトル類が一切なく能舞台を思わせる。一方、『サンルーカル』は、日中は店に日差しが差し込み、夜とは異なる雰囲気が味わえる。

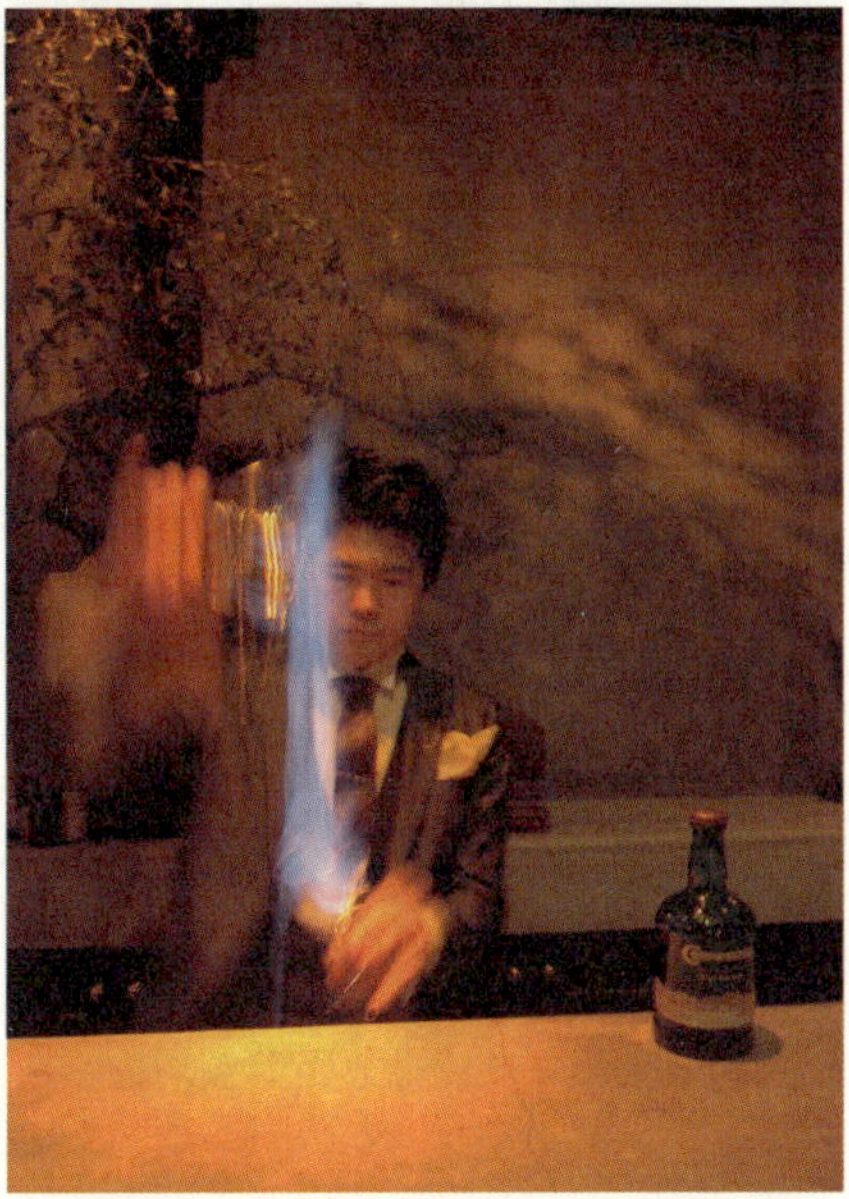
アイリッシュコーヒーのフランベ。魔術師みたい！

差し出されるアンティークグラスにも注目したい。

カウンター席のほか、広いテーブル席もあり。

カウンターのヒビと影。廃墟的な美しさ。

ミキシンググラスから注がれるマンハッタン。

高揚感。外界とのギャップがあるほどに、ワクワクしてしまう。

場所は南青山。『bar cafca.』の扉の先は、その暗さゆえ、目が馴染むまでは手探り状態で、しばらく入口でフリーズしてしまう。そこに、いつもキッチリと三つ揃えのスーツを着こなすバーテンダー・佐藤博和さんが静かに穏やかに出迎える。

青山通りの喧騒とも華やかさとも無縁の世界。ヒビの入った壁や妖しい影を落とす枯れ枝。店内のイメージはまさに都会の廃墟。ホーンテッドマンションのようでもある。まるで冥界へと続く道のり、その途中にある酒場で飲んでいるようなのだ。

棚に並ぶアンティークのカクテルグラスが、暗く美しい世界でキラキラと冷たく高貴な光を放つ。ヴァルサンランベールやバカラなどアンティークのグラスが使われる。

佐藤さんが言う。「時を経たものが好きなんです。ただきれいなだけより、ヒビが入っていたりヨレていたりすると独特の味わいがある。このバー自体も、青山の地下を掘ったらたまたまこんな古い建物が出てきた、なんてイメージで造りました」。

◉ヴァルサンランベール
ベルギー王室御用達のクリスタルガラスメーカー。アール・デコやアール・ヌーヴォーの美しい作品で名高く、繊細なカット技術はとくに定評がある。

◉バカラ
1764年、フランスのルイ十五世の認可のもと創設されたクリスタルのラグジュアリーブランド。王侯貴族に愛用されたことから「王者たちのクリスタル」としてその名を知られる。質の高さ、クリスタルが生み出す華麗な輝きで、世界的にその名を知られる。

◉アイリッシュコーヒー
アイリッシュウイスキーをベースにしたホットカクテル。濃いめにコーヒーを淹れ、ホイップした生クリームを注ぐ。『bar cafca.』では、生クリームにコアントローやラムなどを入れ、奥深い味わい。暑い日には、アイスのアイリッシュコーヒーがこれまた美味。

◉マンハッタン
19世紀半ばから世界中の人に飲み継がれ、「カクテルの女王」と称される。基本的にはライ・ウイスキーをベースにし、白ワインをベースに薬草やスパイスと配合したスイートベルモットやアンゴスチュラビターズを加える。

あ、イメージは冥界じゃなくて、遺跡でしたか。

「バーテンダーでなければ喫茶店の店主になりたかった」というだけあって、いつも自家焙煎のコーヒーも用意している。お酒を飲めない方や、シメの一杯にこのコーヒーを所望するお客もいるが、やっぱりなんとしてもお酒とともに楽しみたい！　ネルドリップで淹れるコーヒーにアイリッシュウイスキーの〈カネマラ〉を落とすアイリッシュコーヒーはぜひもの。ウイスキーをまろやかにするために、火をつけてフランべするのだが、青い炎を扱う様子がスゴイ。誰かが頼むと、「私も」「僕も」と続いてオーダーが入るほど迫力がある。

続いてお願いしたマンハッタンは極めてエレガント。スイートベルモットは自身で調合した自家製というから、ますますおもしろい。


お客のなかには、打ち合わせ後ならぬ、打ち合わせ前の景気づけ（！）に訪れる人もいる。ジントニック一杯だけを飲むつもりが、もう一杯。しまいには「ウイスキー、ストレート」なんて歯止めが利かなくなることもしばしば。その気持ち、よくわかるなぁ。時計に目を落とさなければ、時間がよくわからず思いのほかゆっくりしてしまうのだ。「もう一杯なにかを」という気持ちをグッと抑えて、「お会計を」と声をかける。このままいたら、現実に戻ることを忘れてしまいそうだもの。

bar cafca. バー　カフカ

2012年11月開業。開店は15時〜。お通しは日ごとに変わり、季節を感じさせる甘味やチーズなどが登場。定番カクテルのベースを変えたりひねりを加えて、新しい味わいを提案してくれるのも楽しい。チャージ1000円

東京都港区南青山3-5-3 ブルーム南青山B1F
☎03・3470・1446

ラム、モルト、テキーラ……ニッチに深く知るなら

専門バーへ行こう in 西浅草・三崎港

日本酒、クラフトビール、世界五大ウイスキー……。飲みたいお酒は山ほどある。お酒を飲みたいのか、酔っ払いたいのか。節操なく、雑食ならぬ〝雑飲〟を繰り返している。そんな私の中にも、時おり、密やかなブームの波が押し寄せる。ラムとテキーラ。出会いは仕事で連れて行ってもらったバー。

なんてエレガントな味わいなの!?

ラムはカクテルのベースになるもの、テキーラはショットで乾杯を繰り返すもの、なんて浅い知識しかなかった。私にとっては、ラムとテキーラがストレートでじっくり味わえるお酒だった、というのは軽い衝撃であった。

目の前にホッピーが出てくれば喜んで受けいれ、酎ハイ、レモンハイに溺れる夜もある。誓いと信念なきマイブームではあるが、もっとラムとテキーラをちゃんと味わってみたい。ならば、〝実習〟を兼ねてどっぷりその世界に浸れる、専門バーへ行けば話が早い。それも私のような軟弱な入門者をラフに迎え入れてくれるところだと、なお

◉世界五大ウイスキー
スコッチ、アイリッシュ、アメリカン、カナディアン、そしてジャパニーズという世界的な生産国のウイスキーの総称。質的にも高い評価を受けている代表的なウイスキー。

ありがたい。

西浅草のラムとモルトの専門バー『BAR 3wood』のことを知ったのは2014年の夏のことである。外壁から店内の壁、天井にいたるまで木をふんだんに用いた店内は、小さな積み木の家のよう。駅から続く照り返しの強いアスファルト地獄に反して、かすかに森の香りが漂う軽やかさがある。そこに来て、オーナーバーテンダー・堀江景太さんの飄々とした接客がやけに居心地いい。適度にほっといてくれる感じとか、ぐいぐい主張してこない感じとか。

棚に目を上げると、どの酒場にでもある銘柄が見つけられない。当然のようにある、〈バカルディ〉とか〈ハバナクラブ〉とか〈マイヤーズラム〉がない。代わりに見たことのない銘柄ややけに古びたラベルのボトルがキュッと納まっている。うー、どれを選んだらよいのだ??

堀江さんがさりげなく救いの手をのべる。普段どんなお酒を飲むか、どんな系統の味が好きか、飲み方はストレートもしくはカクテルがいいか。ようやっと決まったはじめの一杯を差し出すと、ラムには3つの系統があることも教えてくれた。

なんとラムは4万を超える種類が世界中で生産されている、もっとも多彩な蒸留酒である。サトウキビあるいは糖蜜があれば造れるという手軽さのもと、自由に変化し

◉3wood
店名は、堀江さんが自身の店を開く前に訪れた、奈良県桜井市の大神（おおみわ）神社の神紋の3本の杉の木にちなむ。ご祭神の大物主大神は酒造りの神でもある。

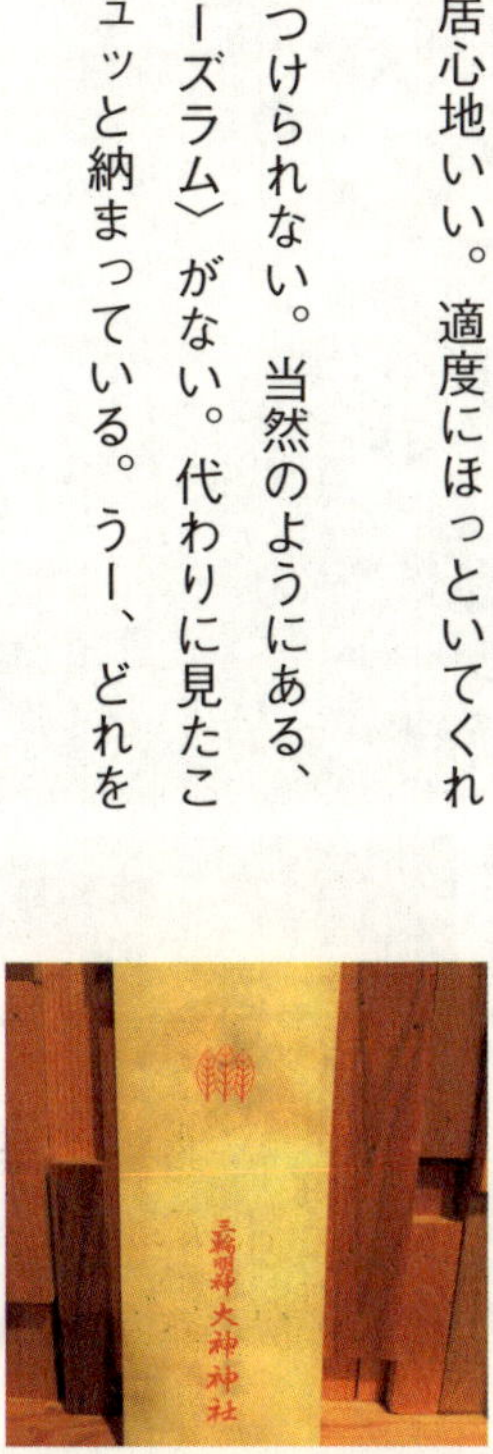

◉バカルディ
世界最大のラム酒ブランド。1933年、販売促進用に作ったのが、カクテル「バカルディ」。過去に、品質の劣るラムを使っていたニューヨークのバーに「このカクテルはバカルディ社のラムを使わなければいけない」という高等裁判所の判決が下されたことでも有名。

メスカルの楽園、三崎港『La Cuenta』ではメキシコトップクラスの100%オーガニックメスカル〈シナイ〉を扱う。大量生産に走らず、昔ながらの醸造方法を守るブランドだ。一部、ラムもあり。

RON〈サカパ〉、RUM〈レモンハート〉、RHUM〈トロワ リビエール〉。綴りの違いを意識して飲み比べたい。寒い雨の日、堀江さんは温かく甘いラムカクテル、ホットバタードラムでもてなしてくれた。

ながら世界中に広まった。その分、味わいも千差万別。味の傾向のカギを握るのは、ラベルのつづり「RUM」「RON」「RHUM」の違いにあるという。

「RUM」はイギリスの植民地だった地域で造られているもので、スコッチウイスキーの手法が取り入れられている。そのため、味わいも骨太で力強くドライなタイプ。「RON」はスペイン系で、シェリーの技法により、シェリー樽でねかせたものが多い。甘みがあり、口あたりが柔らかい傾向がある。そして「RHUM」はフランス系で、コニャックの技法を生かし、とにかく香りが豊か。植民地の砂糖プランテーションの副産物としてひろまったラムは、いまも旧宗主国の名残が強い。

堀江さんは、なんでラムにはまったのか。

「ラムって〝旅テイスト〟なお酒でしょ」

あっさり答えが出た。聞けば、20代の頃はバックパッカーでインドやヨーロッパを旅してまわっていたという。旅に出ては日本で働き、お金を貯めてはまた旅に出る。ラムの陽気な感じ、気軽さ、モルトにはないちょっとの「バカっぽさ」もお気に入りで、ラムのバックボーンにある〝旅する酒〟たる歴史が心をときめかせるらしい。

確かに、ラムの後にモルトウイスキーを飲んでみると、同じ蒸留酒でも方向性が違いすぎる。精緻で繊細で、造り手の魂まで溶け込んだような巧妙な味わいのモルトに比べると、あきらかに能天気。この気取りなさや、ボトルによってあまりに味が変化に富んでいて飲んでみないとわからないワクワク感がラムの魅力だ。

●旧宗主国
かつてその国を植民地として支配していた国のこと。

テキーラなら、神奈川県三浦市、三崎港のメスカル専門バー『La Cuenta』がある。潮の香り満ちる港へ来れば、旅テイストどころかリアルな旅気分。三崎の入り組んだ路地を歩けば、マグロ漁で大フィーバーした時代の豪奢な建物が残っていて、かなりシビれる。昭和テイストなスナックあり、黄金期の建物をリノベーションした新店なども登場していて、散歩のしがいがある街なのだ。

バーのオープンは週末だけという風変わりな形態で、陽気なマスター、ドン・パンチョさん（純日本人）と美人ママがラテンなノリで出迎える。パンチョさんは1976年にテキーラと出合い、現地で酒造りにも関わってきた。三崎港に落ちる夕陽を見たとき、「慣れ親しんだメキシコで見た夕陽と同じだ！」と感涙し、ここに店を開くことを決意したという。

メスカルとはテキーラ同様、アガヴェ（リュウゼツラン）を原料に造られたお酒で、副原料の入っていない100％アガヴェは植物のような香りと味がする。熟成期間や度数の異なるメスカル8種の飲み比べも愉しい。オーガニックであることを示すイモ虫入り（スリリング！）もあるので、ここは腹をくくって挑戦するべし。

専門バーに行くと、風土や文化などお酒の背景にあるものが少しだけ見えてくる。そこに惚れ込んだ店主の口からこぼれ出る話は、お酒をさらに味わい深くするこのうえないエッセンスである。

◉メスカル
メキシコ特産蒸留酒の総称。テキーラ州で造られる「テキーラ」もメスカルに含まれる。

◉大フィーバーした時代
1960年代、三崎はマグロの取扱量の最盛期。「東洋一のマグロの水揚げ漁港」とも謳われ、相場にも影響を及ぼした。街には蔵造りの家や洋風の建築が残る。

◉ドン・パンチョさん
本名は朝倉久さん。メキシコとの文化交流にも尽力。提供するメスカルは現地で酒造りに加わり、選りすぐったもの。

入門者歓迎
本物を扱うのにラフなバー

Bar 3wood　バー スリーウッド

ボトラーズやヴィンテージのラム、シングルモルトが中心。リラックスできる空間で、シガーも楽しめる。じっくり味わえるボトルビールもあり。チャージ300円。

東京都台東区西浅草3-23-14 103
☎ 03・6231・6055

Cantina mezcaleria “La Cuenta”
カンティーナ メスカレリア“ラ・クエンタ”

基本的に金・土のみの営業。ドリンクはオール600円で、「三崎の街の盛り上がりにつながってほしい」と食べ物の持ち込み可。土曜は美人ママのギター演奏もある。チャージ200円。

神奈川県三浦市三崎3-6-10
☎ 090・6028・8488

敬愛なる長老バーテンダー①『EST!』

季節ごと訪れたい 円熟の〝紳士の社交場〟in湯島

敬愛なるバーテンダー

東京・湯島『EST!』のマスター・渡辺昭男さん。1934年満州生まれ。同業の若手バーテンダーたちからも憧れの存在。現在は、バーテンダーである次男の宗憲さんとともに店に立つ。

失礼を承知で、誤解を恐れつつ打ち明けよう。

私は「おじいさんバーテンダー」が大好きだ！

ああ、こんな呼び方をしてごめんなさい。でもこれは私にとって熟練バーテンダーへの敬愛をこめた呼び方である。大いなる敬意を込めても、小さな声でしか叫べないこの思いは、バーに興味を持ち始めた頃から抱いている。

バーテンダーとは、お酒ともてなしのプロフェッショナル。それが幾十年もの経験を積んだ熟練のバーテンダーとくれば、酸いも甘いも噛み分けたもてなしの手練れ。これまで会った幾人から、「お客様が入口に立っただけで、お客様のことが大体はわかります」という同じ言葉を聞いたことか。プロ中のプロなのである。こちらの緊張や無知など、なんら意に介さない余裕と懐の深さがあるのだ。

私は熟練バーテンダーが守るバーを巡ることをライフワークとし、行ってみたい店を手帳にしたためている。なにがすばらしいかって、技やもてなしだけにあらず。年季の入った店にはにわかには作れない風合いがしみ込み、バー自体が文化遺産として残したいほどの風格と味に満ちている。

「通う」というには恐れ多いが、季節が変わるたびに頭に浮かぶバーがある。東京・湯島『EST!《エスト》』である。

創業は1973年。マスター・渡辺昭男さんは、旧満州で11歳まで過ごし、佐賀県唐津で育った。薬剤師をめざして上京するも、当時全盛だった「トリスバー」でのアルバイトをきっかけにバーの世界へ入る。以来、バーテンダーの協会には一切属さず歩んできた。

マスターの渡辺さん。拝みたくなる笑顔で迎えてくれる。

◉湯島
上野駅から徒歩で移動できる距離ながら、湯島天満宮、旧岩崎邸庭園などがあり、老舗の料理店も点在する落ち着いた雰囲気。『EST!』のほど近くには、酒場ファンから篤い支持を受ける『シンスケ』という名酒場もある。

◉『EST!』
店名は「ここだ!」の意。店の前に猫が住み着いており、オーセンティックバーながら猫雑誌に掲載・紹介されたことがある。

マスターはいつも穏やかな笑顔でお客を迎える。この笑顔には心のコリをほぐす効用があるようで、バーを訪れる際はマスターに「会いに行く」というよりお顔を「拝みに行く」といった方がしっくりくる。

季節ごとにこのバーが思い浮かぶのは、『EST!』には季節があるから。夏には、大ぶりのミントがふんだんに入るモヒート。用いるのは、開店当初の約40年前から、マスター自身が育てているミントである。

晩秋から登場するのは、フレッシュなザクロを搾ったばかりの果汁とリンゴのブランデー・カルヴァドスを合わせた「ジャックローズ」。美しい紅色のカクテルは、12月、1月と冬が深まっていくのに合わせて産地が変わり、甘みも増していく。最後の酉の市が終われば、「アイリッシュコーヒー」が登場する。

「バーテンダーはお客様の舌を探らないといけません」とマスターはよく口にする。こちらが細かくリクエストをせずとも、会話を通して趣向を探り、お客の好みに見合ったカクテルの味に仕上げる。甘口が好きか、ドライが好きか。いつもにこにこと笑顔しか見せないけれど、マスターにかかればなんでもお見通しな気がする。

ひどく悲しい気持ちで訪れたときも、マスターがにこにこするので私もにこにこしてしまう。つられてにこにこしているうちに、甘くて酸っぱくて苦みもあって、強くて、でも不思議なくらい角がないカクテルが薬のように染みてくる。「あと一杯」ってやけになり気味な場合でも（ヤケ酒にするには上等すぎるけど）、アイリッシュコーヒーを

◉ジャックローズ
フレッシュな酸味と甘みがある、リンゴのブランデーがベース。フランス産の最高級アップルブランデー「カルヴァドス」を使うことが多い。ザクロのジュース（あるいはシロップ）、ライムジュースあるいはレモンジュースを加えてシェイクする。『EST!』では、フレッシュのザクロが出回る11月頃～2月末頃まで登場し、砂糖は一切加えずに提供。ザクロがアメリカ、トルコなど産地や旬で変わると甘みや味わいも微妙に変わってくる。

胸に刻んでおきたい、マスターの言葉。

マスターのオリジナルカクテル、ブラックダイキリ。

この絵が飾られている間、アイリッシュコーヒーを頼める。

今もカクテルは極力、自身の手で作って供する。

口にしたなら、おとなしく帰ろうという気になる。立てたばかりの生クリームをのせたアイリッシュコーヒーは、温かくて甘い「おやすみ」の味。

マスターの味を求めてきたお客に応えるために、御年80歳になった今もカクテルは極力自身で作る。定番のバーコートはまるで薬剤師の白衣のようで、かつて抱いていた若き日の夢はここで叶えられていると思うのだ。


ある時、『EST!』でこんな事件があった。


とても珍しいことに、だいぶ酔ってしまったお客がやけにマスターに絡んでいる。むしゃくしゃしたことがあったのだろうか。ときに大きな声も上げる。それでも、マスターとスタッフ陣の温和な対応でバーの空気は保たれていた。

そこに上質なスーツをまとった白髪のダンディな常連客がやってきた。「静かにね」。諭すようにマスターは酔客に囁いたが、その思いも通じず、虚ろな目でむしろ意固地になって大きな声を出して自分の存在を主張しているかのよう。

「今日はお帰りください」。見たことのない顔で毅然とマスターが言うと、今度は酔客が「お金がない」と言い出す始末……。その途端だった。隣に座っていた白髪のダンディな常連客が啖呵をきった。

「ここは紳士の社交場なんだよ。迷惑かけずにとっとと失せろ、ガキ！」

酔客の年の頃はおよそ50歳……。この年で「ガキ！」と一喝されるとは……。お金を支払い（持っていたんかい！）、すごすごと酔客は退散した。

◉アイリッシュコーヒー
ベースをカルヴァドス、スコッチウイスキー、コニャックなどに変えるとカクテル名も変わる。『EST!』では店内に額装のタペストリーが飾られている間が、アイリッシュコーヒーの提供期間。毎年11月下旬～2月末頃まで。

◉事件
開店当初には、やはり酩酊したお客による「トイレ閉じこもり」事件が起きたことも。以来、万が一の時には外からも開けられるよう、わざわざドアを作り替えた経緯がある。

ミスター・ダンディはすぐに居合わせた客たちに、声を荒げたことを詫び、「ここは紳士の社交場なのにねぇ」と今度は静かに繰り返した。拍手こそ起きなかったが、ダンディの行動には『EST!』というかけがえのない大事な空間を守ろうという気持ちが溢れていた。

酔客を出口まで送り出し、マスターが店内へ戻ってきた。

「初めてのお客様じゃないんですよ。いつもは静かなんですけどねぇ」

この後、マスターがその酔客のことを悪く言うことは決してなかった。

以前、座右の銘を聞いたことがある。するとメモ用紙に鉛筆でサラサラッとこう書いた。

「客の心で主《ある》じせよ」

そして、すぐに「あ、いけない。間違えました。客じゃない、〝お客様〟ですね」といつものチャーミングな笑顔で訂正した。

私はそのメモをもらい、まるでありがたいお守りのように大事に手帳に挟んでいる。

EST! エスト!

湯島の裏路地に店を構えて42年目。店内もマスター渡辺さんが設計。黒い柱は自らバーナーで焦がして風合いを出した。独自ルートで入手した貴重なオールドボトルもあり、水割りもぜひものです。チャージ無、サービス料10%

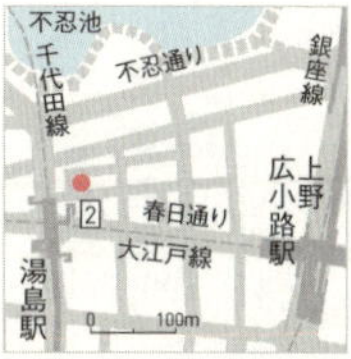

東京都文京区湯島3-45-3小林ビル1F
☎03・3831・0403

敬愛なる長老バーテンダー②『アポロ』

半世紀前の港町ヨコハマへ時間旅行 in 横浜

敬愛なる長老バーテンダーは横浜にもいる。私が長老の店が好きなのは、そこに歴史が宿っているからである。店が積み上げてきた年月だけじゃなく、街と関わってきた歴史。酒の場を通してその変化を見続けてきたマスターは、街の生き証人とでもいうべき存在なのだ。

きらびやかなみなとみらい側をオモテとするならば、野毛、伊勢佐木町、阪東橋界隈はウラ横浜とでもいうべきか。40年来の横浜市民である私にとっては、こちらの方がディープで人情が感じられて、下町風情があって……と足が向いてしまうのだけど。

横浜が港町として一時代を築いていた頃、海運国のノルウェーやギリシャの船乗りたちが街を闊歩していた。日本最古といわれるギリシャレストラン『スパルタ』や、元ギリシャ人船員がオーナーを務める『アテネ』をはじめ、最盛期にはギリシャ料理店あるいはバーの数は30軒以上もあったという。多くは閉店してしまったが、創業時のオーナーが現役で店を守っている、超人的なバーがある。『アポロ』である。

敬愛なるバーテンダー

石原清司さん。1938年生まれ。横浜初のギリシャ・バー『スパルタ』を経て、『アポロ』を開業。現在も機敏な動きでホールをひとりで担当。ボトルキープの名前、場所、お客の顔など、随所で抜群の記憶力を発揮。

◉野毛

戦後は闇市が立ち、「野毛に来ればなんでも揃う」と言われるほどのにぎわいを見せた。現在約500店もの飲食店が連なる、ハシゴ酒の魔境。

ギリシャの神殿を思わせる柱を備えた外観。「終夜営業」と描かれたガラス戸の風合いだけでも相当にシビれ、天国へと続く急階段を駆け上がる。そこに広がるのは、開業した1964年のままの夢のような空間。ボウタイをキリリと締め、黒ベストを羽織ったマスター、通称チャンさんが迎えてくれる。外国人客からの「蒋介石に激似だ!」という声から、彼のニックネームで呼ばれるようになったという。御年76歳、毎日店に立つ、現役バリバリの長老である。

座るならカウンター。肘をかけられる端の革張り部分がガムテープでベタベタと補修してあるのはご愛嬌。これもまた味わいである。

まずはハイボールをお願いしようか。銘柄はリクエストしない限りマスターが適当に作ってくれる。その時々によって違うこともあるのだけど、ここでは銘柄がどうとかそんなことはどうでもいい。もうマスターの存在やこの空間自体、そんなことは超越しているのだから。

ツマミは何にしようかな。今はギリシャ料理はやめてしまったが、「パブレストラン」と名乗っているだけあって、ピッツァやグラタン、ナポリタンやスペアリブなどの肉料理、と洋食メニューは多彩。テーブル席のご婦人ふたり組は、お酒はカンパリソーダのみ、パスタにピッツァにシーフードドリアとしっかりごはんを食べている。

◉一時代を築いていた頃
貨物船に乗り組んできたギリシャ人船員たちは、荷役作業で1カ月間ほど出港を待たされた。その間毎夜のように港の酒場で楽しく飲んで過ごした。

◉終夜営業
『アポロ』はレストランとして営業許可を申請しており、開店当時は看板に「終夜営業」と記さなければいけなかった。

甘くて香りのいい〈メタクサ〉はこの店で飲みたいお酒。

キリリと締めたボウタイがステキです！

レコード式のジュークボックス。やけにいい音！

生地は薄く味は濃厚なゴルゴンゾーラのピッツァ。

照明も壁もガムテ補修済みのカウンターも。年月のしみたすべてがカッコいい。

「この間、開店50周年を迎えてね。何の告知もしていないのに、お客さんがたっくさん集まってくれましたよ」

ここでマスターが語りだすと、ギラギラと輝いていた頃の港町の風景にたやすく出合うことができる。横浜に海外からの貨物船が寄港すると数週間は滞在するため、船員相手のバーが必要とされたのだ。

「昭和30年代、伊勢佐木町あたりは外国人船員が闊歩するバーの中心地。野毛の方は、造船所の職人たちが仕事後に立ち寄る一杯飲み屋があって、高級クラブなら関内と、棲み分けができていた。中間地の大箱の大衆酒場には、職業も人種も、そりゃ多種多様な人間が集まったもんです」

外国船がコンテナ船になると、ギリシャ人船員の出入りも減り、『アポロ』は日本人向けのバーとなったのだった。

お客の誰かがジュークボックスをかける。なんとレコード使用の年代もので、3曲100円というサービス価格！ これがまた不思議なくらいいい音で、ズンとお腹に響く。

「船員たちはよくここでダンスを踊ったもんですよ。私だって今でもギリシャ語が話せますよ。ギリシャダンスもね」。破顔一笑、マスターが「ウキャキャキャッ！」と特有の甲高い声で笑う。この頓狂な笑い声を聞くと、こちらまで楽しくなってくる。

そこに「チン！」とベルが鳴り、厨房との仕切りの小窓（こちらもマスターによる

◉〈ウゾ〉
ギリシャ産のハーブリキュール。アニスの果実などをブランデー原酒に漬け、蒸留して造られる。

◉初めて宇宙で飲まれた酒
〈メタクサ〉は1900年以降にはギリシャからアメリカへも輸出されるようになった。

ガムテ補修済み）がシャッと開いて、スッと料理が出てきた。きちんとコックがいて、できたてアツアツの料理が出てくるのがうれしい。

シメは〈メタクサ〉をもらおう。〈ウゾ〉と並ぶギリシャでとてもポピュラーな蒸留酒で、ブドウを蒸留した後に樽熟成し、さらにブランデーとブレンドしたもの。バラの花や香草などから抽出した甘味料とエキスが添加されているのが特徴である。初めて飲んだのもこちら。以前、「今日はとてもいいことがあって、私は気分がよいんです」とマスターが振る舞ってくれたことがある。そのとき以来、私の中ではアポロ＝メタクサとインプットされてしまった。

植物文様が美しい陶器の瓶から注がれる茶色い液体は、濃厚でいて薬草のような清涼感が広がり、甘い香りで満ちる。初めて宇宙で飲まれた酒でもある、というから、『アポロ』にはぴったりじゃないか。

東京オリンピックの年に開店した『アポロ』。ともすると（いやかなりの確率で？）、２０２０年のオリンピックを迎えそうな気配。

「２度目のオリンピックまでがんばれそうな気がする！」

ウキャキャキャッと笑い声を上げるマスターは、いまも日々〝歴史更新中〟である。

アポロ

外国人客が多かったため、いまもチャージなし。ハイボール800円くらい～。壁面は劇場などでよく見かける、ふくらみのある布団張り。立体的で店内全体が柔らかな印象。照明器具もレトロ感満点。チャージ無

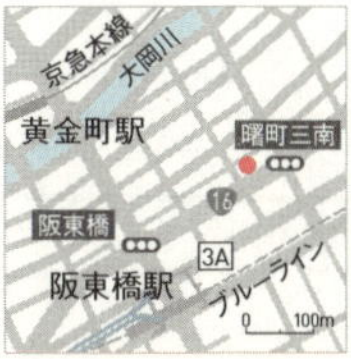

神奈川県横浜市中区曙町 4-45
☎ 045・261・2576

敬愛なる長老バーテンダー、その先へ ③『BAR CAPRICE』

受け継がれるホスピタリティに寛ぐ in 渋谷

京王井の頭線渋谷駅の西口改札から1分とかからない場所に、２０１４年11月、『BAR CAPRICE』が開店した。店前には祝いのスタンド花が飾られ、入店を待つお客が軽い行列をなしている。今夜、営業初日を迎えるこのバーには、とても矛盾しているのだが、すでに数十年にわたる常連客が付いている。

というのも、ここは同年3月にその歴史に幕を閉じたオーセンティックバー『コレオス』にて、マスター・大泉洋さんを約20年にわたってサポートしてきた敏腕バーテンダー、福島寿継さんが開いたバーなのだ。80歳を目前にしても軽妙なトークで毎夜お客を沸かせ続けた渋谷の巨匠、大泉さん。生え抜きでマスターの元に入った福島さんは、敏腕秘書のごとき存在だったと思う。「○○社の～～さんです」と、久方ぶりに顔を出したお客の名前をさりげなくマスターの耳元で教えたり、女性客への細やかな気遣いも完璧。柔らかな笑顔でときにブラックなジョークをかますところも、心をつかまれる。

敬愛なるバーテンダーたち

かつて渋谷にあった名バー『コレヒオ』『コレオス』のマスター大泉洋さん。１９３４年生まれ。その弟子格の福島寿継さん、１９７２年生まれ。大泉さん引退と閉店で、福島さんが渋谷に『BAR CAPRICE』を開店。

◉オーセンティックバー

正統派、伝統的なバーの意。一枚のカウンター、バックバー（酒棚）があるスタイルが基本的。

『コレオス』の閉店から約半年。そわそわと開店を心待ちにするお客たちに続き、私も未開の新店へ入っていく。チェーンのファストフード店の看板が連なる駅近の雑居ビルの地下に、大人が憩えるバーがある。細いくねった階段を下りていく、この秘密のアジトへ潜む気分はやっぱり『コレオス』的である。

だって、大人が集うバーだというのに、『コレオス』があったのは渋谷センター街のまん真ん中。居酒屋の呼び込みをかわしてグングン歩を進めた先、マックに隣接する雑居ビルのワンフロアにあった。さらに、前身となるバー『コレヒオ』は、渋谷109ビルの最上階に位置していた。バーにはギャルなんてひとりもいないのに。なんと酔狂な立地か。

大泉マスターは、「変なところに、変なバーがあるのもおもしろいかと思ってね」なんて、凡人なら勝算があると思えない立地も、軽々自分のイニシアチブに持ち込んでしまうのがすごい。

『コレオス』が男女問わず多くのファンに愛されていたのは、酔狂な立地のせいだけじゃない。大泉マスターの、茶目っ気たっぷり、どこまで本気か（すべてがジョークなのか?）、でもその中に真実があるような話術は大きな魅力だった。

マティーニのオーダーが入ると、「天使の分け前」ならぬ「店主の分け前」と言って、作りすぎてしまった余りを自らキュッといく。度が過ぎると、共にカウンターに立つ大泉夫人が、マスターを軽くたしなめるというナイスな連携。

●コレオス
correos【西（スペイン）】＝郵便局。

●コレヒオ
colegio【西】＝学校。

●マティーニ
数千種類あるといわれるカクテルの中でも、王様的存在のカクテル。さまざまなバリエーションがあるが、ジン、ベルモットをミキシンググラスに入れてステアし、グラスに注いでオリーブを飾るのが一般的な作り方。

●天使の分け前
樽でお酒を熟成させる際に水分やアルコールが蒸発して、最終的な量が目減りしてしまうこと。先人たちは〝天使に飲ませているからおいしいお酒になる〟と考え、「Angel's share」と呼んできた。

福島さんがまもる『BAR CAPRICE』。バックバーの棚は『コレオス』から譲り受けたもの。

特徴的なグラスのマティーニ。

ほどよい酸味がいいサイドカー。

1杯目に最適なジンフィズ。

飲み口が柔らかくもキリリと締まった大泉マスターのマティーニは、ひと際人気の名物カクテルだった。1杯で天国、2杯で極楽、3杯飲んだらハチ公前の植え込みでひっくり返ってしまいそうな強力な威力を放つ。

レジェンドと化している「進駐軍マーティニ」なるカクテルもある。大泉マスターがバーテンダーのスタートを切った、1950年代の山王ホテルの進駐軍将校倶楽部では、一杯一杯作る余裕さえないほどあまりにマティーニの注文が出た。そこで、ジンのボトルに直接ベルモットを加え、ボトルごと氷水の中へ。注文が入ったらミキシンググラスの氷にくぐらせてグラスに注ぎ、レモンピールを振りかけてグラスにドロップ……ほぼストレートですね。進駐軍マーティニは通常、店では

◉山王ホテル
かつて千代田区永田町、日枝神社の隣にあった高級ホテル。二・二六事件（1936）では一時クーデーター軍が占拠、終戦後は米軍に接収された。83年閉鎖。

地下の『BAR CAPRICE』へと導く、雑居ビルの階段。

オレンジ果皮を使った〈コアントロー〉のポスター。

『コレオス』大泉氏。感謝祭パーティーで腕を振るう姿。

在りし日の渋谷『コレオス』。

出していなかったが、年2回開催の感謝祭でのみ振る舞われた。ハチ公前の植え込みにこそ突っ込まなかったが、大盛り上がりの祭りに浮かれた私が地獄の朝を迎えたことは貴重な洗礼として受け止めている。

誕生したばかりの『BAR CAPRICE』には、『コレオス』のあれこれが受け継がれている。使い込まれたカウンターやバックバーの棚。レモンたっぷり、口いっぱいにじゅわじゅわ唾液が溢れてくるジンフィズも、マティーニも。それになんといっても、「女性のひとり飲みも心おきなくどうぞ」というホスピタリティも！

福島さんによれば、「まだ多くのオーセンティックバーが男性だけの世界だった時代でも、大泉マスターは女性だって気軽にお酒を楽しめばいいじゃない、という考えでしたから」。

引退後の大泉さんは悠々自適な生活を送ってらっしゃるという。ある夜、昔の仲間のオールドバーマンたちと福島さんのバーへ訪れると、席はいつしか満席状態に。「気づいたらマスターがカウンターの内側に入ってるんですよ。スッと」。何を言わずとも、しばし大泉さんと福島さんの阿吽《あうん》の呼吸が復活する。

店名を決める際、福島さんにはもうひとつの候補があった。「カプリス」にしようか、それとも「バトラー」にしようか。かたや「気まぐれ」、かたや「執事」という相反する選択肢。そこで大泉さんに相談すると、「カプリス」と即答。「お前にはそっちの方が向いてるよ」と言葉を添えた。デキる執事というイメージが福島さんにはしっくりくるけれど。深い絆で結ばれた氏がそう言うのだから、そんな一面もあるのかもしれない。福島さんの名刺の肩書に「バーテンダー」でなく「バトラー」と入っているのは、「悦んで面倒をみましょう」というマインドの表明。そこにはやっぱり、師匠・大泉さんの存在が感じられる。

もし、『コレヒオ』『コレオス』が記憶の中にしまわれてしまったとしても、『BAR CAPRICE』には脈々と受け継がれてきた血が流れる。かっこいい絆。もっとこのバーを知りたい私は、またこうやっておいしいお酒を飲めること、安心して向かえるアジトがあることがうれしいのだ。

BAR CAPRICE バー カプリス

季節のフルーツを使ったものや気分に合わせたものといったリクエストをしてみよう。マティーニは『コレヒオ』『コレオス』時代同様、オベリスクのごときグラスに注いで供する。チャージ無、サービス料 10%

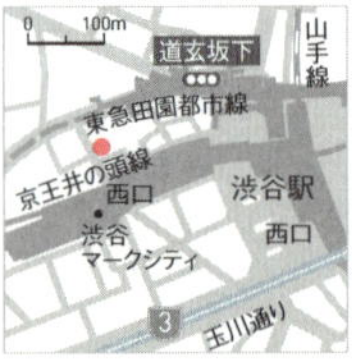

東京都渋谷区道玄坂 2-6-11鳥升ビル B1
☎ 03・5459・1757

第2章

レトロ喫茶で一杯

フィズの世界① 〝スナック喫茶〟隆盛の頃を思う

飲むならジンフィズ in 東銀座

飲むか飲むまいかはさておき、喫茶店に入るとアルコールメニュー欄を必ずチェックしてしまう。「ビール600円」「ウイスキー550円」なんて値段を見て、ふむふむ。「アイリッシュコーヒー」があれば、「お、やるね！」と勝手に賛辞を送る。もしそこに「ジンフィズ」が並んでいたなら「見つけた！」と小躍り、いや心の中ではコサックダンスぐらいのテンションで踊っている。それがレトロな喫茶店であればなおのこと。あるバーテンダーから聞いたことがある。

「古い喫茶店にはフィズがメニューに残っているところがあるんです。昭和のある時期、喫茶店でフィズを飲むのが流行っていたようで」

ジンフィズといえば王道にして、バーテンダーの力量をうかがい知るカクテルと言われることもある。シェイクに加えてステアの技術、味のバランス、ソーダの分量や注ぎ方と、基礎的なポイントが織り込まれていることが理由だろう。「初めて訪れるバーならジンフィズを頼むようにしている」という知り合いのバー好きもいる。そのため、

◉オムライス
かつての『喫茶you』での食べものはサンドイッチやトーストぐらいであったが、約20年前から食事メニューを充実させるように。中でもヒットしたのが、名物のオムライス。生クリームをたっぷり使い、マーガリンで焼き上げてあり、スプーンを入れるとトロリととろけ、ケチャップライスと官能的に絡み合う。

◉純氷
氷屋の扱う、透明で堅い氷。不純物を取り除いた水を48時間以上かけて凍らせてあり、溶けづらい。『喫茶you』では、通年、この氷を使ったかき氷がメニューにラインナップされている。

壁には歌舞伎役者のサインがいっぱい飾られる。

ぷるぷるやわ肌のオムライスが名物。

華麗にシェイクする龍子さん。特別に席で振ってくれた。

これが『喫茶 you』のジンフィズだ！

レトロ喫茶にジンフィズがあると妙な執着を覚えてしまうのである。

とある日、銀座歌舞伎座の脇にある『喫茶you』を訪れた時のこと。こちらはぷるぷるつや肌のオムライスが名物なのだが、メニューを思わず二度見した。ジンフィズ、ジンリッキー、ジンライムの3種のカクテルが、特別枠とでもいうべき箇所に載っている。ビールともウイスキーとも違う〝特別扱い〟のニオイ。

興味津々でジンフィズを頼んでみると、ほどよいサイズのグラスにキリリと引き締まった味わいで、氷も製氷機の氷なんかじゃございません。澄んだ美しい純氷が転がっている。ほぉー。いたく感心し、名物のオムライス以上に強く頭にインプットされてしまった。

でもなぜ『喫茶you』にジンフィズが残っているのか？ これはフィズ全盛期の名残なのか？　二代目店主・松嶌《まつしま》龍子さんがその謎を明かしてくれた。

アルコール類を一切おかない〝純喫茶〟が全盛だった昭和30〜40年代。その一方で、昼は喫茶店、夜は明かりを少し落としてお酒も出すという〝スナック喫茶〟なるものが人気を博してきた。本格的な飲み屋と化すわけではなく、ホステスはいないし、コーヒーも飲める気軽なスタンス。ウイスキーなら、大衆的な〈トリス〉、それより少しランクが上なら〈角〉、ハイクラスなら〈オールド〉がもっぱらの定番だった。

その頃、店は龍子さんのお母様が切り盛りしており、夜は趣味程度に常連客にお酒

●純喫茶
酒類を扱わない、純粋な喫茶店のこと。上野『丘』や『古城』（高級喫茶）、浅草『マウンテン』をはじめ、都内にもまだ多数点在。芳しい昭和の薫りをめいっぱい堪能できる。

●トリス
サントリーのブレンデッドウイスキーで、戦後の洋酒ブームの火付け役。１９５５年前後には、トリスウイスキーを炭酸水で割ったハイボールを主力とする庶民的なバー「トリスバー」が生まれ、爆発的な人気を呼んだ。

●角
井川遥がママに扮するCMでもおなじみ、〈サントリーウイスキー角瓶〉。１９３７年（昭和12）に誕生し、創業者の鳥居信治郎は日本のウイスキーの父と呼ばれている。

●オールド
〈サントリーオールド〉。１９５０年の発売で、瓶の形状から「ダルマ」の愛称が付けられている。庶民の憧れの的、高価なウイスキーだった。

を出していた。

龍子さんによれば、「当時はまだ、一般の女の人がウイスキーの水割りなんて頼むと、飲み慣れているようなちょっと不良っぽいイメージがありました。その点フィズは、カカオやメロン、バイオレットなどの種類があって飲み口が柔らかくて、女性に好まれてたんです」。

当の龍子さんは、その頃人生の旅に出ていて、違う店でバーテンダーを務めていた。

「シェイカーを振る女性なんて、今ほど多くありませんでした。フィズの中でも〝大人味〟のジンフィズは、これが作れたら一人前。お客様から『もう一杯』といわれたらそりゃ嬉しかったものです」

今もメニューにジンフィズが残っているのは、スナック喫茶が流行った時代の面影でもあるし、もしかしたら龍子さんの思い出が詰まったカクテルだからかもしれない。同店の厨房のスタッフの誰もが作れるが、龍子さんがいるときはやっぱり自ら腕を振るうことが多い。

そしてこんな話を聞かせてくれた。

「この店でジンフィズのおかわりの注文が入ると、今でも『よし！』ってガッツポーズを決めちゃうのよ。誰にも気づかれないようにね」

喫茶 you

創業は昭和中期。歌舞伎座の並びという立地から多くの歌舞伎役者にも贔屓にされており、今は亡き十八代目・中村勘三郎もこの店のオムライスを愛したひとりである。野菜たっぷりのカレーライスももうひとつの名物。

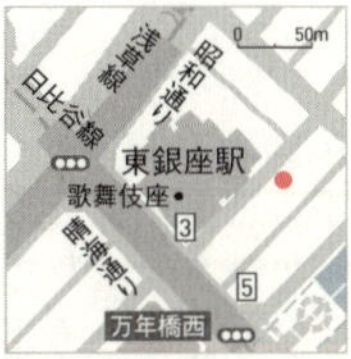

東京都中央区銀座 4-13-17 高野ビル 1・2F
☎ 03・6226・0482

フィズの世界② それは昭和の絶滅危惧種的カクテル

飴色空間で浸るファンシーカラー in 神保町

飲める喫茶店って重宝する。早い時間から開いていて、休日のランチ後などはバーより、居酒屋よりぶらりと気軽に入れる。ひとり飲みにしたってハードルはかなり低い。日差しの降り注ぐカフェもいいが、レトロな喫茶店なら私にとっては極めて理想的。年月のしみ込んだ空間には特有の落ち着きがあり、もの懐かしい空間美が宿る。

そこで飲みたいのは、いまや絶滅が危ぶまれる昭和テイストのカクテル「フィズ」。今や古典と化したが、フィズとは昭和のある時期は一世を風靡したカクテルで（前述）、ベースのお酒に甘みや酸味を加えてシェイクし、炭酸を加える。ちなみに、シェイクせず、ステアをして酸味を多くすると、カクテルでいうところの「サワー」となる。レトロ喫茶で飲むと、飴色の空間に同調するようでこれがかなりいい感じなのだ。

その望みを叶える一軒に、神田神保町で遭遇してしまった。世界最大規模の古書店街にして、『神田伯刺西爾《ぶらじる》』『ギャラリー珈琲店・古瀬戸』など名喫茶が密集する。

◉フィズ
フィズという名称は、ソーダの中の炭酸ガスがたてる「シュッ！」という擬声音だといわれる。筆者の初めてのフィズとの出合いは１９８０年代後半に発売されたメルシャン「ピーチツリーフィズ」。山瀬まみのＣＭで大流行した。

◉神田神保町
巨大な新刊書店、古書店が密集する本の街。購入した戦利品の本を読むのに最適な喫茶店が点在する。周辺には明治大学、専修大学などがあり、学生街でもある。定食屋、味のある酒場も多数。カレーの名店が集うカレー激戦区でもある。

その中でもひと際存在感を放つのが、『さぼうる』である。約60年にわたって愛され続けている、界隈のランドマーク的名店である。

ツタの絡まる外観からして見惚れてしまうが、トーテムポールと赤電話に挟まれた扉の先には、さらなるワンダーランド的空間が広がっている。明るい窓際席があったかと思うと小さな階段を上がった中2階にギュウギュウと席が配してあり、カーヴのような地階にも階段が続く。一見で全体像を把握できない造りの中に、文化的な薫りや数多くのお客が訪れてきた痕跡など濃密なエキスがギュッと詰まっている。アルコールを摂取する前から、この空間美にうっとり酔ってしまう。

喫茶店でありながら、『さぼうる』のアルコールメニューはとても充実している。〈菊正宗〉から〈吉四六《きっちょむ》〉、ブランデーにサワー類、カクテルもある。店のマッチをよく見れば「味の珈琲と洋酒」とあり、開店当初から純喫茶とは違うスタンスだったことがわかる。ボトルキープだってできるのだ。

朝からでも飲めるのは、一帯には出版社が多く、かつては夜勤明けのお客が朝から訪れて仕事終わりの乾杯を楽しんだから。夜のツマミには、姉妹店の『さぼうる2』から運ばれてくる名物のナポリタンをはじめ、あたりめやチーズポテト、煮込みおでんまで。堂々たる〝酒場喫茶〟ながら、私はここであえてフィズの世界に浸ることを推奨したい。

●『神田伯刺西爾』
地階の穴場。店内には囲炉裏や障子があり、和モダンの風情が漂う。直火式焙煎機で豆の個性を引き出したコーヒーが美味。

●『ギャラリー珈琲店・古瀬戸』
城戸真亜子氏による室内壁画をはじめ、外壁画、店内とアートに包まれた空間。店内に併設されたギャラリーと本格的なコーヒー、紅茶を楽しめる。

●カーヴ
Cave【仏】＝貯蔵庫。主にワインの貯蔵庫を指す。

●吉四六
〝むぎ焼酎の元祖〟ともいわれる、大分麦焼酎の代表選手。

●チーズポテト
ジャガイモにとろけたチーズがたっぷりかかる。女性に大人気。

オーダーするとリズミカルな音が聞こえてくる。

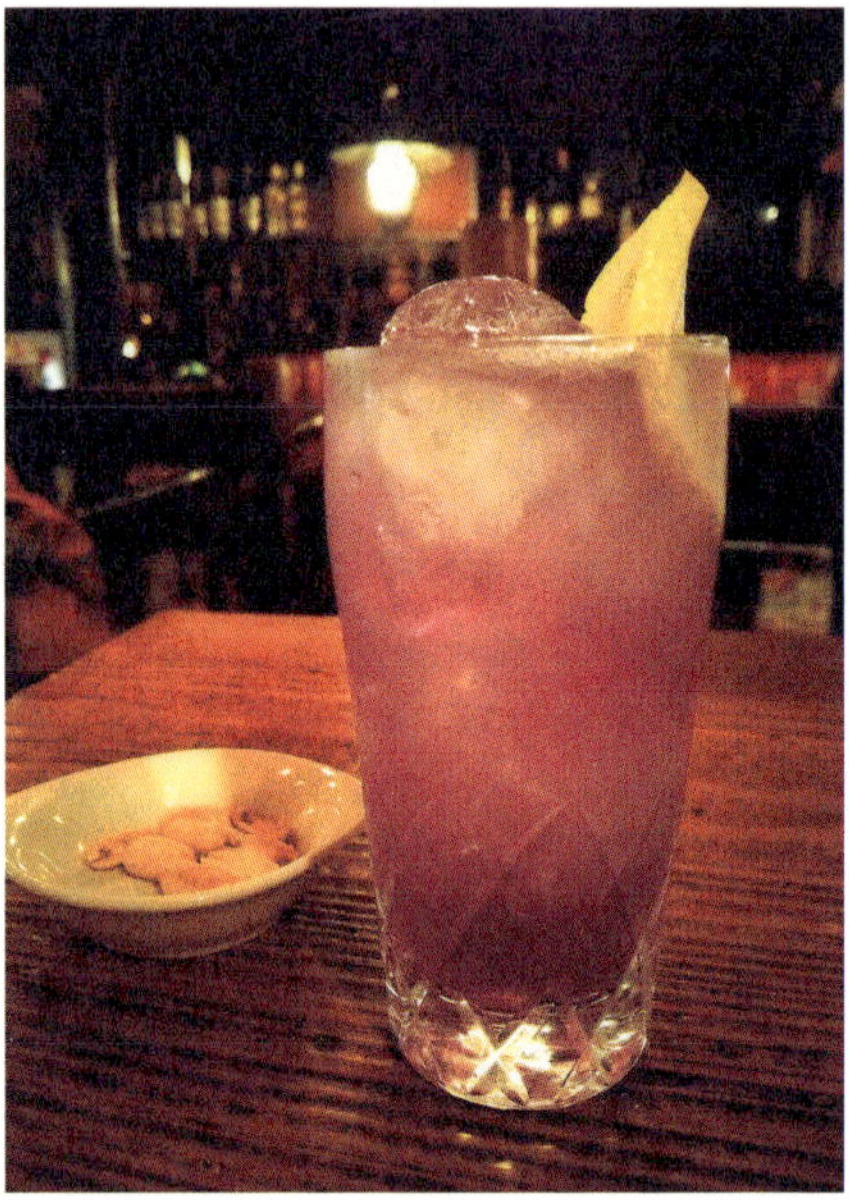

魅惑的な薄紫色のバイオレットフィズ。

地下へと続く階段は穴蔵へ潜入する気分。

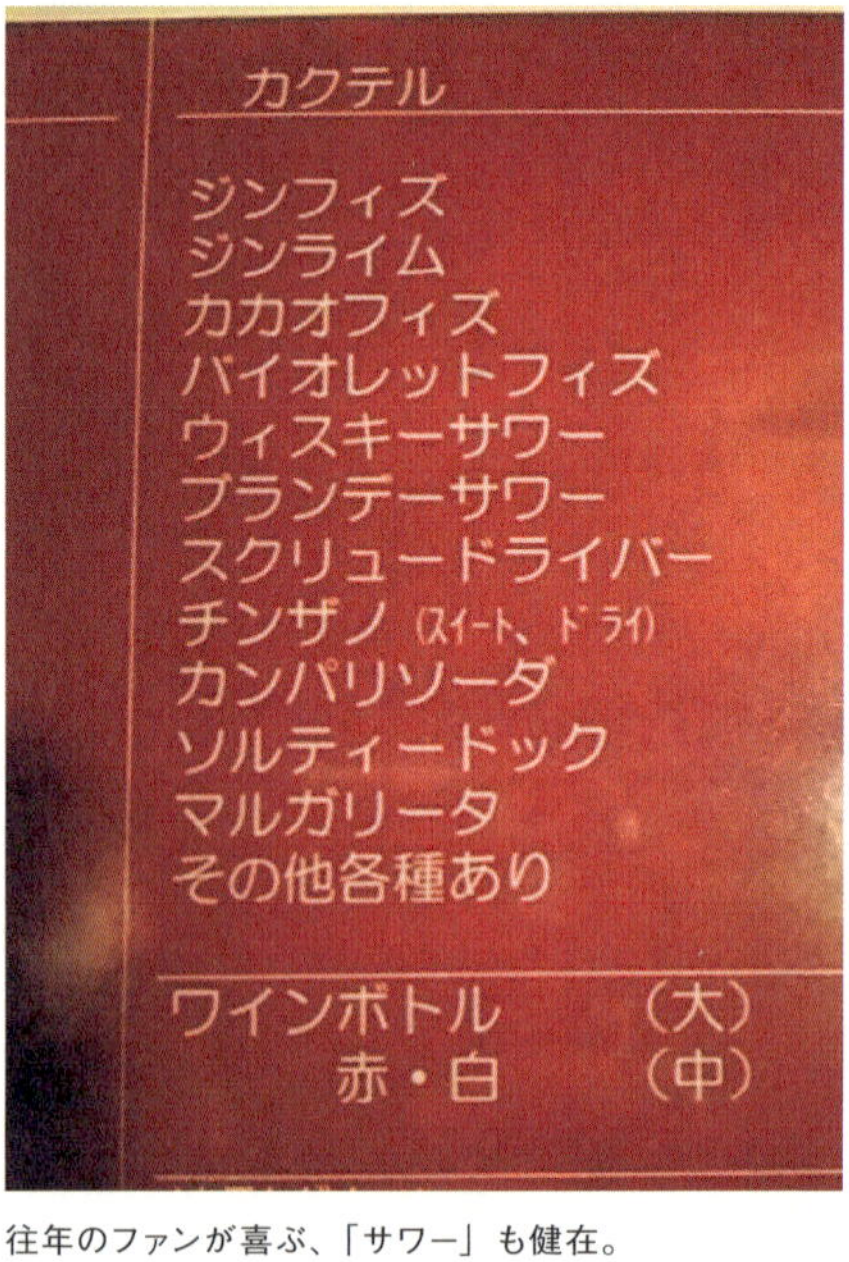

往年のファンが喜ぶ、「サワー」も健在。

ストロベリーフィズは可憐な薔薇色。バタピーをお供に。

昭和の酒場で流行したフィズ。同店にはジンフィズをはじめ、バイオレット、カカオ、ストロベリーと、お父さん・お母さん世代にはおなじみの４種がラインナップされている。さらには、カクテルの古典、ブランデーサワーもある。オーダーをすると、ほどなくしてカウンターの方から聞こえてきたのは、シェイカーを振るリズミカルな音。バーテンダーのようなスタッフのフォームも決まっているではないか。

運ばれてきたバイオレットフィズは魅惑的な薄紫色で、レモンスライスの鮮やかなイエローとのコントラストも素敵。

スミレのリキュールにフレッシュのレモンジュース、クリアな純氷がグラスに浮かんでいてすっきりと飲める。シェイクが見事なのは、スタッフの練習の賜物であるが、マスター・鈴木文雄さんがシェイカーの音だけで「今のはいいね」「もっとシェイクを手早くした方がいい」といったアドバイスをする。それが味わいにつながっている。

お通し的にピーナッツが添えられる。コーヒーだけの注文のときも出てきたり出てこなかったりするので、アルコール用のおつまみではなさそう。マスターによると「女性には大体出る」とのことだが、顔を覚えられると出てくる模様。午前やお昼頃の来店客にも差し出されることが多く、その基準はいまだよくわからないけどピーナッツを添えるのにはこんな経緯がある。

その昔は缶入りのピースという煙草１本をコーヒーに添えていたのだが、吸わずにそのまま戻ってくることもあるので、殻付きのピーナッツに切り替えた。すると今度

◉ブランデーサワー
ブランデーベースのサワースタイルのロングカクテル。レモンジュースを加えてシェイクし、炭酸水を注ぐのもポピュラー。『さぼうる』では砂糖は好みでリクエスト。

◉『さぼうる２』
隣接する支店。１９８３年開店で、こちらは食事専門。ナポリタンは本格イタリアンにはない懐かしい味。どこからフォークを刺そうか迷うほどの圧巻の盛りで、一人前なんと約６００ｇ！　ごく一般的なパスタの一人前はゆで後で２００ｇ、なので約３人前に相当。

はお客が殻を落とすものだから床が汚れてしまう。そこで殻なしのバターピーナッツを出すようになったのだった。

件のバタピーをつまみ、薄紫のバイオレットフィズを飲みほした。1杯で収まらず、ストロベリーフィズも頼んでみた。甘酸っぱい味わいに可憐な紅色。乙女心をくすぐるファンシーな色味が年季の入ったこげ茶色の空間にマッチする。

レトロな喫茶のレトロなフィズ。あたりを見回す限り、注文するお客はおそらく少数派と思われるが、ノスタルジックな気分に浸るにはぴったり。できることならば、私は今ではあまり見かけなくなったこの絶滅危惧種的カクテルを、この先も楽しみたい。ならば「ぜひ残して続けてほしい」という気持ちを一票投じるために、レトロ喫茶店でフィズを見つけた際には注文をして実績を残していくべきではないか!

……という体のいい弁解でもって、少々の赤ら顔で取材先に現れること。どうぞご勘弁してくれないでしょうか。

さぼうる

1955年創業。開店当時のままという店内は、天井に杉の皮、柱は松、手すりには桜の木が使われた山小屋風。不揃いのレンガもいい風合いだ。白熱灯が灯る落ち着いた雰囲気。アルコールメニューは開店の朝9時から注文できる。

東京都千代田区神田神保町1-11
☎03・3291・8404

打ち合わせに打ち上げ、ハイブリッドに使える

大人になったからこそ心地いい場所 in 神保町

「打ち合わせ」と**「打ち上げ」**。2文字しか違わないのに、内容は随分違う。コーヒーが飲めてアルコールも提供する喫茶店は、その2文字をいともたやすく結び付けてくれる。

するべき話はノンアルでみっちりと。話がうまくまとまったら、移動することなくとりあえずの乾杯にすぐ切り替えられるというわけだ。

神保町駅A7出口から三省堂書店へと続く細道は、お酒が飲めるレトロな喫茶店が残る魅惑の路地である。この街に足を運ぶようになったのは、私が学生時代のこと。独特の世界観を持つ喫茶店や超庶民的な定食屋、得意分野が異なる古書店などをめぐるのが新鮮で、楽しくてしょうがなかった。

『ミロンガ・ヌオーバ』の前を通ったときは、しばしその佇まいに釘付けになった。私が見知っているカフェにはない、圧倒的なオーラ。聞き慣れない店名。「ミロンガ」というカタカナ4文字の聞き慣れない響きは、特撮ホラー映画『マタンゴ』を彷彿さ

◉『マタンゴ』
1963年に東宝で公開された特撮ホラー映画。「マタンゴ」というキノコを食べた人間は、不気味なキノコ人間に変身してしまうというストーリー。人間の醜い心理・エゴが描かれる。

◉ヌオーバ
nuova【葡（ポルトガル）】新しい、という意味。95年にリニューアルした際に店名に添えられた。「ミロンガ」はタンゴの前身となった音楽のジャンルのこと。

せた。「・」の後につく「ヌオーバ」ってなんだ？　看板の書体はぶるぶると震えて描いたように歪んでおり、『妖怪人間べム』のタイトル文字のようなおどろおどろしさを放っている。喫茶店なのに看板には「世界のビール」とある。

扉を開けるのには少々の勇気が必要だった。そして聴こえてきたのは、叙情的なアルゼンチンタンゴの調べ。ここはタンゴ喫茶であったのだ。開店した1953年頃は、タンゴがブームになっていた時期で、世は喫茶店全盛期の時代。ジャズ喫茶、クラシック音楽を流す名曲喫茶、歌声喫茶と専門的に細分化していった。

店内は抱いていた不安を吹き飛ばす、それはそれは素敵な空間だった。木とレンガが織りなす、こげ茶色と赤茶色の世界。落ち着いた雰囲気の中で仕事の話をしている人、煙草をくゆらせて音楽に耳を傾けている人、文庫本をめくりながらコーヒーを喫している人。思い思いにくつろいでいるお客たちが、とても大人に見えた。

メニューを開くと、看板のとおり、多種の世界のビールが載っている。その中には〈ギロチン〉とか〈サタン レッド〉とか恐ろしい名が混じっていて、油断なるまいと感じた。

当時は、居酒屋に行ってもビールに始まり、レモンサワー、青リンゴサワーなんかを飲んで、ウイスキーや梅酒に行きつ戻りつ、仕上げに安い日本酒を飲む、という最悪に気持ち悪い飲み方をしていた。だからこんな落ち着いた空間で、ビールを飲んでもクールに自然体を保っていられるというのも、大人っぽく感じたものである。

◉『妖怪人間べム』
68年より放送されていたTVアニメで、その後も幾度となく再放送されていた。主人公のべム、べラ、べロは、人間でも怪物でもない異形の生物。合言葉の「はやく人間になりたい！」は流行の台詞に。文中で指している書体とは、その後の新作アニメや実写ドラマではなく、初期のテレビアニメのほう。

◉〈ギロチン〉
ベルギービール。鋭いシャープな味わい、アルコール度数9％のハードなビール。ラベルには名前のとおりの斬首台が描かれる。

◉〈サタン レッド〉
赤褐色のベルギービール。名前に反して、干しブドウのような甘い香り。ラベルは、ほくそ笑むおそろしい悪魔。

レコードならではの摩擦音が耳に心地よい。

平日夜限定のおつまみ３品セットをアテに。

レンガの床の凸凹が改装してきた歴史を物語る。

惹かれる書体。タバコ吸わないのに欲しくなる……。

入って右側の部屋は、後から拡張されたスペース。

昭和を彩った名喫茶、名バーのマッチ。どれもデザインが秀逸！

あれから約20年が経った。

今となってはこの経過年数の方がよっぽど恐ろしい。『ミロンガ・ヌオーバ』は、愛すべき居心地のいい空間となった。

おいしいコーヒーとビールを味わえるハイブリッドな魅力しかり、凸凹のレンガの床は、繁盛に合わせて開店当初のカウンターの位置を移動したためで、店の長い歴史を物語る。アルテックの巨大なスピーカーから流れ出て、店内をドラマチックに彩るタンゴの音は、おもにレコードによるもの。いい音響で聴きたいとお客が持ち寄ったものや、往年の常連客が他界した折、親族がここでかけてほしいと寄贈したものも混じる。

「居心地がいい」という私は、か

◉レコード
スタッフの手が足りないときやランチタイムはCDをかけることも。

◉『ラドリオ』
シャンソンが流れる喫茶店。1949年10月開業。こちらもレンガと深い色合いの木材を基調とした渋い造り。日本で初めてウインナコーヒーを出したといわれる。

◉日本バーテンダー協会
略称はN.B.A.。1929年（昭和4）設立、「バーテンダーの技術の練磨と人格の陶冶」を目的とする。世界で認知される技能競技大会や資格制度の運営をしている、歴史と格のある協会。

つての自分が見たらもう十分すぎるほどの大人である。

打ち合わせ後のミニ打ち上げはやっぱりビールがいいか、それとも自家製珈琲酒にしようか。ビールのメニューには生産国の国旗や味わいのコメントに加え、色味、アルコール度数も明記されているので選びやすい。9%、14%と1本でもききそうな銘柄もある。

もしミニ打ち上げが興にのってきたら、はす向かいの姉妹店『ラドリオ』で2次会とまいる手がある。ある時期はウイスキーは約20種、カクテルは200種にものぼるほどお酒が充実していた。これは、初代のママが日本バーテンダー協会初の女性会員だったことに由来する。日本バーテンダー協会といえば、国内最大の由緒あるバーテンダーの協会である。

かつては開けるのさえ緊張した扉は、今はむしろ、入りやすい扉となった。大人になるのも悪くない。

ミロンガ・ヌオーバ

1953年創業のアルゼンチンタンゴ喫茶。95年以降より多くのお客に親しまれるよう、炭火焙煎コーヒーとともに世界のビールも楽しめるように。ブルーチーズピザやチリサーディンなどのツマミもあり。

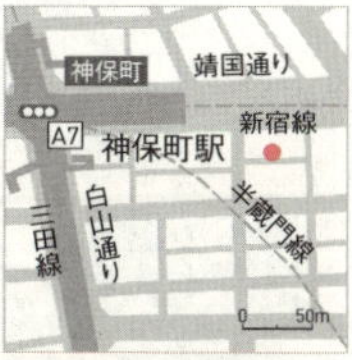

東京都千代田区神田神保町1-3
☎ 03・3295・1716

地元グルマンの胃袋とハートをわしづかみ

古都に灯る深夜喫茶へ in 鎌倉

平成の世の鎌倉という武家の古都は、改札を抜けたそばから誘惑でいっぱいだ。駅から歩いて数十歩、『パーラー扉』には「パンドラ」というファンシーなデザートがあり、その先の『イワタコーヒー店』は厚さ4㎝×2枚のホットケーキが看板メニュー。さらに数歩進めば、老舗の和菓子屋『長嶋家』が。山椒がきいた餅菓子「切山椒」は店頭に並べばすぐに売り切れてしまうほどの人気を誇る。普段はまったくといっていいほど甘いものに食指が動かない性質だが、ついぞ浮かれてアンチ甘党指数が狂うのも鎌倉の魔力か？

鶴岡八幡宮へと続く小町通りに突入したからには、「甘」に加えて、あの手この手の土産物合戦が繰り広げられており、手軽にその場でつまめるおやつなんかも並ぶ買い食い必至ロード。小旅行気分といつでも賑わう活気に財布のひもも緩くなる。

だが、ここは序の口もまだ滑り出し。古都の名所の周辺には、相模湾の鮮魚がウリの海鮮、寺参りの後に食べたくなるそば、地元産の鎌倉野菜をふんだんに使った和洋食、

◉パンドラ
1955年の開店当初からのメニューで、スポンジケーキでアイスクリームをサンド。「パンドラの箱」から名付けられたデザート。店名は「駅の目の前にあり、鎌倉にいらしたお客様を出迎える場所」と、俳人・久保田万太郎（1889〜1963）により命名。

と地の利を生かしたグルメが目白押し。江ノ電に乗るとなればさらに行動範囲は広まり、欲望は深まる。隠れ家的一軒家のイタリアンやフレンチ、海が見えるロケーションがウリのバルなんかもあったりして。

これほど魅惑に満ちたグルメの都なれど、鎌倉に来たならば、胃袋のスペースを確保して立ち寄りたい喫茶店がある。コーヒーだけでも、もとい、ビールの一杯だけでもいい。その愛すべき喫茶店は『浮』という。浮と書いて「ブイ」と読むところからしてニクい。初めて入ったのは、地元グルマンに案内されてだった。彼は、ガイドブックに踊らされない独自の審美眼でマニアックにお気に入りの店を選ぶ。どの肉屋のコロッケが本当に旨いかを自分の舌でリサーチし、観光客ではたどり着けない駅遠の超絶技巧の寿司屋を愛し、鎌倉中のラーメン店は全制覇していた。だから彼に付いていけば「間違いない」と予想はしていたものの、『浮』の引力はそれ以上だった。

場所は長谷の鎌倉大仏のほど近く。にわかにできた流行りの店、といった感は一切ない。ステンドグラスの重い扉の先は船室みたいな空間が広がっていて、潮の香りを感じさせる。店内を彩る調度品は船にまつわるものが多く、そのほとんどは「この店に合うだろう」と馴染み客の海の男たちが持ってきてくれたものだ。あっけなく心は吸引され、しばし空間美に見惚れてしまった。

女主人が作る料理は本格的な洋食が中心で、静かなキッチンから魔法のように出て

●切山椒
上新粉に砂糖と山椒を加えて蒸した餅菓子で、縁起のいい開運のお菓子とされる。『長嶋家』は1921年（大正10）創業。

●相模湾の鮮魚
シラスを筆頭に、アジ、地タコ、サザエなどが名物。

●浮
buoy【英】＝ブイ。浮標。船舶へ海上での位置を知らせる目印の浮標など。

●鎌倉大仏
鎌倉観光のスター。高徳院のご本尊、国宝銅像阿弥陀如来坐像。胎内めぐりもできる。若干猫背なのは建立当時の流行だったとか。

船室のような店内。静かな海を渡っている気分。

船で実際使われていた道具が多く飾られる。

大仏の内部に入り、胎内拝観ができる。

棚に飾られていたマスコットたち。誰かからのおみやげ？

くる。デミグラスソース（入魂！）のハンバーグステーキ、厚切りロースカツサンド（感涙の分厚さ！）。思い出すだけでよだれが出てくる。

本領を発揮するのは、あたりがシンと静まり返る深い時間である。観光客の姿はもうどこにもなく、猫1匹通らない闇の大仏通り。周囲の店はシャッターを下ろして固く戸締まりをしているというのに、『浮』だけが明け方まで明かりを灯し、夜な夜な客でピークを迎える。

遅い夕食がとれ、ビールや焼酎、洋酒なら〈スーパーニッカ〉や〈フォアローゼズ〉、〈ゴードンジン〉などが飲めるとあって、仕事を終えた飲食店の人々やハシゴの締めに寄る客がやってくる。界隈では貴重な深夜営業店として、地元民のハートと胃袋をがっしり掴んでいるのだ。

ざっくばらんな常連客たちの会話をBGMに、ゆるやかに酔いがまわってくる。昼と打って変わって、鎌倉の山と海の闇を抱える密やかな時間帯。そこにぷかりと浮遊する浮玉のような空間で、ゆらゆら波間に揺られている気分になる。

このまま居座りたいけれど、無情にもＪＲ横須賀線の終電時刻が迫ってくる。電車に揺られながら目を閉じると、今しがたまでいた『浮』が遠くに感じられる。夢かうつつか、あの心地よさに浸りたくて、また足を運びたくなってしまうのだ。

浮《ぶい》

野菜を３～４日煮詰めたとろとろのカレーも人気。コーヒーはサイフォンで淹れ、アイスコーヒーは水出しのダッチコーヒー。ビールは「うすはり」のグラスで提供される。

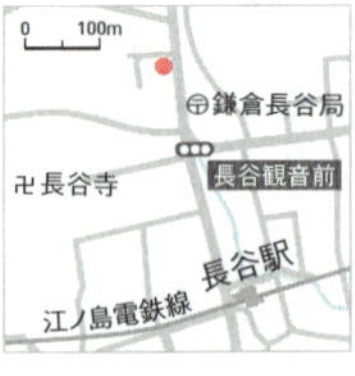

神奈川県鎌倉市長谷3-8-7
☎0467・22・0110

第3章

旅のにおいのする場所で

怒涛の舌戦さえエンジン音の彼方に

エアポートでハシゴ酒 in 羽田空港

羽田空港での飲みが「相当楽しい」と知ったのは、羽田周辺の街歩きをしてみたシメのことだった。

大鳥居駅、穴守稲荷駅、天空橋駅。羽田空港へ向かう京浜急行空港線には、どんな街が広がっているのか、想像をかきたてる駅名が連なっている。空港へ向かうときは飛行機の出発時間を気にしているときばかりだったから、降り立ったことのない駅の街並みがずっと気になっていた。

旅に出るためでも、出張のためでもない。羽田空港をゴールにして界隈の街を歩いてみよう。大鳥居駅から散歩をスタートすると、やがて穴守稲荷駅という駅名のとおりに立派な穴守稲荷神社があり、さらにその先には多摩川沿いに大鳥居がそびえていた。でもそれ以上に、まさに〝空と海の間の地〟というべきダイナミックな景観、海と密接につながる暮らしの風景が心を惹きつけた。

◉羽田空港

東京国際空港の通称。新国際線旅客ターミナルが２０１０年10月にオープンし、定期便が続々就航。国内線はＪＡＬなどが使用する第１旅客ターミナル、ＡＮＡなどが使用する第２旅客ターミナルがあり、計３つのターミナルから成る。

◉穴守稲荷神社

１８１８年（文政元）、洪水から近隣一帯を守ることを祈願して建立。五穀豊穣・商売繁盛の神であり、「穴を守る」と掛けて、明治期頃は花柳界からの信仰も集め、東京近郊から参拝者が訪れた。界隈は旅館や料理屋が集う行楽地でもあった。

羽田という場所は淡水と海水とが混じり合う豊かな漁場で、鎌倉時代頃にはすでに漁師町となっていたという。東京湾へと流れ込む多摩川の河口には、今も何艘もの漁船や釣り船が係留されている。街には、羽田沖で取れたアナゴやタコ、シジミをふるまう寿司屋や居酒屋が点在する。

民家の合間の路地の先に現れる白魚稲荷神社、仕事終わりの漁師たちが冷えた体を温めに来たという銭湯。多摩川沿いの道に延びるレンガ壁の防潮壁。謎解きのように、この街が海と深くつながってきた暮らしがあることを感じさせる。ただ、水辺を挟んだすぐ向こうにキラキラ輝く国際線のターミナルがどんと構え、ぶんぶん飛び立つ飛行機を見られるのはこの街ならではの風景。ほかの海辺の街ではそうそう目にしない。

喉も渇いてきた。電車の車窓からだけでは想像しえなかった街の風景を目にして、気分は上々。散歩のゴール、羽田空港をめざす。

２０１０年10月に約2倍の広さに拡張された第2旅客ターミナル（通称「2タミ」）へ向かってみよう。トランクを持たない身軽さで訪れてみると、やけに足取りは軽快。キビキビと空港で働く人たちの姿は凛としていて、見ているこちらがすがすがしい気持ちになる。これから旅立つ人、旅から戻ってきた人が行きかう場所は、特別な活気とエネルギーが満ちている。しかも空港内の飲食店はエスニック、和食、バーとよりどりみどりで、旅に出ずとも空港にはワクワクする刺激があることを知った。

展望デッキに出ると、とびきり開放的な光景が広がっている。数分ごとに離陸飛行機、

◉大鳥居
かつては空港敷地内に位置していた穴守稲荷神社の大鳥居で、終戦後の神社移転で鳥居だけが残った。取り壊し話が出たこともあるが、事故が続いたという噂も。現在の地で大事に祀られている。

展望デッキから大空と飛行機を一望。空と海の間の街、羽田は歩きがいのある街。巨大な大鳥居がそびえ、海へと注ぐ川沿いには漁船が浮かぶ。多摩川左岸にはレンガ造りの旧堤防が残っている。

そして空から滑走路に着陸してくる機体。快適なベンチやソファが設置されており、コーヒースタンドでは生ビールも販売している。最高の見晴らしでビールを飲める幸せに味をしめ、空港で飲むことが楽しみのひとつになった。

だから空港での乾杯はいい思い出ばかり……といいたいが、そうでもない。

ここで絶叫するくらいの口げんかを繰り広げたことがある。腹に一物ありのふたりが、人様に迷惑をかけず、言いたいことを言え、煮詰まらずにとことん話し合える場所とは？　ああ、羽田空港があるじゃないか！　即座に意見が一致して、正午に2タミに集合した。展望デッキへ直行。はなから感情的にならないようアルコールは控え、ブラックコーヒーの乾杯でゴングが鳴る。

「そもそもあなたの○□Φ※×××！（ゴ――！）」

「いやだって、それってそっちが×××△▼%&！？？？（ゴゴゴゴ――！）」

ぶんぶん飛び立つ飛行機が、イイ感じで言葉をかき消してくれる。

「そういえばあのときも、Φ※▼▼△××っ！！！（グ――ン！）」

「はっ！？　まだそんなことΦ※▼▼△××っ！！！（ググググ――ン！）」

着陸してくる飛行機もイイ具合にエンジン音を響かせる。

ああ、本当に街場の喫茶店じゃなくてよかった。徐々に白熱し、声のボリュームもだんだん大きくなってくる。ほかの席と距離があり、エンジン音のおかげでそう声が通らない。用事があって空港に立ち寄っている人ばかりだから長居するお客も少なく、みっともない言い合いに注目する人もいず、いたってありがたい。
着地点の見えない舌戦を繰り広げるうちに陽は傾きだし、いよいよコーヒーじゃいたたまれなくなってくる。

「……もう、ビールにしていいよね」

そこだけすんなり意見が合う。グビグビグビッ、キュウ――。つかの間、とげとげした感情を潤す平和が訪れた。
ああ、いけない。気づけばすでに6時間近くが経っていた。うっかりこのままいたら、展望デッキは「星屑のステージ」などと呼ばれるとんでもなくロマンティックなイルミネーションが灯ってしまうのだった。そんな楽しげな場所で、大人気なくワーワー言っている状況なのがむなしい。場所を変えよう。
ヨロヨロと立ち上がり、第1旅客ターミナル（通称「1タミ」）へ向かう。私はすでに、2タミからの移動は、京急線の脇に延びる動く歩道を経由すればラクチンということを知っている。それに1タミには、知る人ぞ知る羽田航空神社があること、京急線との通路に構える『ブックスフジ 羽田空港店』には旅客機ファンが泣いて喜ぶ写真集が並んでいること、1階『ブルースカイエアラインショップ1』でマニア垂涎のJALオリジナルグッズを入手できること……なんて空港トリビアも今はなんの役にも立たない。
スタイリッシュな『エア ターミナル グリル キハチ』もよいが、フランクに入れる『ロ

◉"星屑のステージ"
第2旅客ターミナル南側展望デッキの床には、緑、青、赤の3色、約4000個のLEDが埋め込まれている。ライトアップ時は一斉に瞬き、幻想的な光に包まれる。1984年リリースのチェッカーズの曲がリフレインしてしまうのは、アラフォー世代の定めか……？

◉動く歩道
第1旅客ターミナルと第2旅客ターミナル間の移動は、無料連絡バスもあるが、地下連絡通路が便利。京急線の改札脇にあり、長さ約400m。動く歩道もあり。

◉羽田航空神社
第1旅客ターミナルのマーケットプレイス1階にある、航空安全輸送と航空界の躍進を祈念する神社。1963年に新橋にある航空神社のご分霊を勧請して建立。誰でもお参りでき、とくに受験生には「落ちない」願掛けスポットとしても崇められている。

◉『エア ターミナル グリル キハチ』
第1旅客ターミナル5階。シックな色調でまとめられたブラッセリーでバーカウンターも併設。全長60mの巨大な窓から飛行機の離着陸を望め、贅沢気分を味わえる。

生ビールとホットドッグ。多少めいっていても、ここでなら開放的な気分を満喫できる。

空港内にはサクッと入れるバーもある。

1タミと2タミをつなぐ動く歩道。

イヤルデリ』に入店。ここは3種のデリと生ビールのお得なセットなんてものがあり、滑走路を見渡せる抜群のロケーションを誇る。夕陽に照らされる滑走路を眺めながらの一杯は極上の気分、のはずなのだが。

銘々、好みの酒を手に、第2ラウンドのゴングが静かに鳴った。だがどうにも、声は枯れ、心はズタボロ。疲労困憊しすぎて戦う気力が湧いてこない。もうどうでもよくなってきた。あきらめの境地になっているというのに、目の前には誘導灯の灯る滑走路、その奥には、川崎エリアの工場群の明かり、と、とんでもなくドラマティックな夜景が広がっている。それがいつも目にできるものではない眺めであることがかえって救いだった。

結局、手を取り合って和解することはできなかったけれど、羽田空港が思いきり言いたいことが言える貴重な場所であることはあらたな発見であった。ますます愛着が湧く。晴れた日などは、反射的に「あー、展望デッキでおいしい生ビール飲みたいなぁ!」と、青空と飛行機、黄金色の生ビールを夢想する。羽田空港は空の港であり、私にとってはケタ違いの夜景を楽しめるこのうえない飲み処でもある。

大空と飛行機と生ビール。
ここで飲まない手はありません

羽田空港第２旅客ターミナル　展望デッキ

南側展望デッキは、ウッドデッキ調の床で壁面緑化が施される。滑走路に面したフェンスは横方向だけに張ってあり、飛行機を見やすく、撮影もしやすい。座り心地のよいソファ席もあり。お弁当を食べる場所としてもいい。

東京都大田区羽田空港 3-4-2　第２旅客ターミナル

羽田空港第１旅客ターミナル
ロイヤルデリ　羽田空港店

ハンバーグ、ロコモコ、サンドウィッチなど手軽なデリからしっかりした食事まで用意された気軽に利用できるカフェ。「ロイヤルデリ」ブランドはここ羽田空港だけ！

東京都大田区羽田空港 3-3-2
東京国際空港第１旅客ターミナル４F

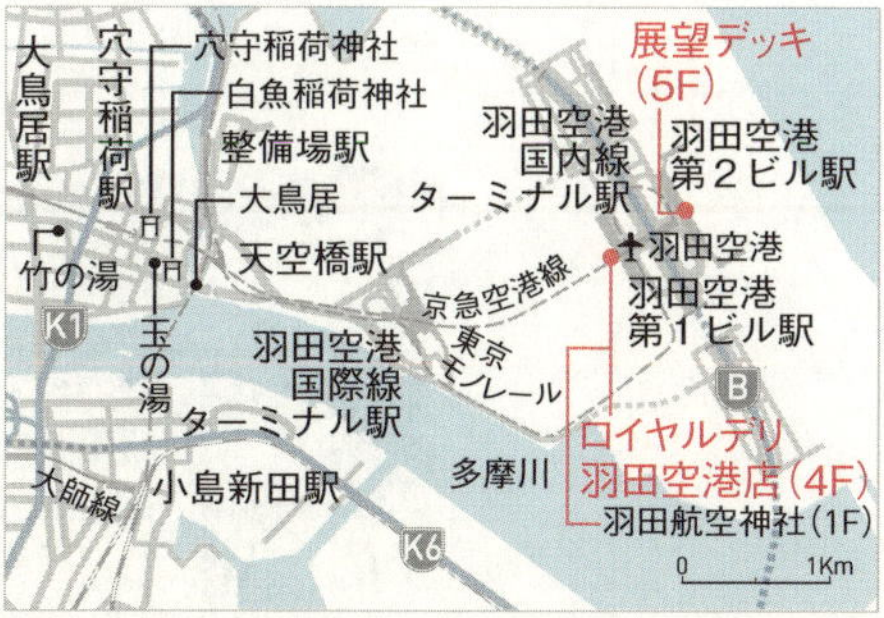

地上が窮屈になったら、脱出先はここ

ゆるり仰いで空見酒 in 大手町・銀座 ほか

「〔sub〕昼シャンしてます！」

ピロロン♪　と鳴った携帯を見ると、そんなタイトルのメールが届いている。なになに？　本文には、「いまパレスホテル東京。ラウンジバーにテラス席発見！　ここ穴場だ〜。今度一緒に来ようよ」とある。休日を満喫する友からで、ゴキゲンな顔が目に浮かぶ。添付画像を開くと、青い空に向かって掲げたグラスシャンパン。ひゃあ、いいなぁ。空、見上げてないわー。巻き巻き気味で仕事や用事をギュウギュウ詰め込んでいて、額に汗しながら移動に次ぐ移動。余裕なく血走った眼は、ここのところ時計と地面しか見てない気がする。

誘いからそう日が経たないうちに、私は我慢できずにパレスホテル東京を訪れた。同ホテルには『ロイヤル バー』という由緒あるメイン バーもあるが、心は〝空シャン〟（空を仰ぎながらシャンパン）と決めている。6Fのラウンジバー『プリヴェ』へ

◉パレスホテル東京
1961年に開業した、老舗格の国内資本系ホテル。建物をすべて取り壊し、ゼロから建築し直して2012年5月に新装開業を果たした。

◉『ロイヤル バー』
旧パレスホテルの歴史を象徴するバー。「ミスター・マティーニ」と称された初代チーフバーテンダー今井清が設計した当時のカウンターが現在も使われている。ピアノ用の塗装を施してあり、黒く艶やか。11時30分から営業。

と向かった。小雨が降った後で座れる席は限られていたが、雨上がりの少しもやがかった空から光が差す様子は、むしろ神々しく見える。空気も澄んでいるようで気持ちがいい。絶好の眺望を謳う造りではないけれど、お濠が望めるのと、なんといっても屋外で飲めるのが爽快だ。

そうだった。私はすっかり忘れていたよ。戸外で食べるおにぎりが有無をいわさずおいしいように、オープンエアで飲むお酒はひと際旨いということを。ビアガーデンなんて最たるもの。じゃ、ビアガーデンがクローズしてしまう秋以降はどうしたらいいんだっけ?

空見酒ができるスポットを記憶の中から検索してみる。

稲田堤『たぬきや』(多摩川沿いに佇む孤高の茶屋。ホッピー&サワー&ほどほどの焼き鳥、おでん、焼きそばの組み合わせが最高に幸せ!)。飯田橋『CANAL CAFE』(外濠に面した水上のカフェバー。中央線・総武線のビュースポットであり、ボート遊びもできる!)。高尾『TOUMAI《トゥーマイ》』(フォトエッセイストが開いたカフェで世界の料理やビールを提供。庭に出て、芝生にゴロンと横になれる!)。

そうだ、そうだ、『小笠原伯爵邸 CAFE』があったじゃないか。かつての伯爵邸を生かした建物は東京都の歴史的建造物に選定されている。

現在はスペイン料理店として営業。レストランは要予約だが、カフェが併設されて

真昼のほろ酔いセット。3種のタパスとビールが付く。

『小笠原伯爵邸』のパティオにあるカフェ。

『月のはなれ』屋上テラス。ぽっかり抜けた空を仰ごう。

銀座の豊岩稲荷神社は都会の路地ならではの発掘感。

いて、こちらは予約不要で気構えずに赴ける。優雅な曲線を描く窓枠や柱、デコラティブな外壁や扉などうっとりするような美建築。春は壁一面にモッコウバラが咲き誇るパティオにも席が設けてあり、サングリアやスペイン産発泡ワインで乾杯すれば気分はもうバカンスに突入である。

はて、と思う。私がいまこんなに空を仰げることをありがたがっているのは、都会のビルが生んだ逆説的な恩恵かもしれないぞ。ビルが密集しているほどに、その隙間から見える空がありがたい。

そんな考えに至ると、銀座の迷路的な裏路地から見上げる空が思い浮かんだ。

銭湯「金春湯」の脇から入り、1ブロック先の通りまで抜けられる〝極〟細道。とんかつ『銀座 梅林』脇から入る裏道は、一瞬人間が通っていい道かどうなのかたじろぐけれど、グングン進むべし。縁結びのご利益があるというビル間のお稲荷様「豊岩稲荷神社」に遭遇したり、裏道を抜ける人のための、世にも奇妙な24時間開閉する自動ドアを通過したりと、意表を突く発見が潜んでいる。ブランドショップやデパートが連なる華やかな表通りと違って、こんな裏道・抜け道を歩くのは、この街で働く銀座の玄人か、ニッチな穴場に目がない散歩の達人ぐらいである。

ビルとビルの谷間を行く裏道から上を見上げると、室外機や窓の桟の隙間から空の切れ端が見える。時折見えなくなったりして、でもまた見えたりして。銀座の裏通りの上空は、空の切れ端の連続なのである。

●金春湯
銀座8丁目にある銭湯。1863年（文久3）開業と歴史は長く、「こんぱるゆ」という屋号は江戸時代、この界隈に金春流の能役者の屋敷があったことにちなむ。ビル型ながら、番台、富士山のペンキ絵、錦鯉、春秋花鳥のタイル絵と、王道を貫く。銀座で働く人々が出勤前にひとっ風呂浴びていくことも多々。

●豊岩稲荷神社
中央区銀座7-8。江戸時代から縁結び、火防の神として信仰され、約400年にわたって人々をまもってきた。

●24時間開閉する自動ドア
『ル・カフェ・ドトール 銀座中央通り店』が入るビルに設置。ビル建設の際、豊岩稲荷神社につながる道を確保する条件があったため、カフェの営業終了後も路地を横断できる策として自動ドアが取り付けられた。誰でも通り抜け可能。

『月のはなれ』へ行こう。少々窮屈を感じたとき、気持ちを緩めるのに絶好の場所である。老舗「月光荘画材店」が雑居ビルの屋上に開いたカフェバーで、私の中では「屋上サロン」と位置づけている。エレベーターはない。サロンまで続く58段の階段を地味に上りはじめ、頂上をめざす。よく見ると、階段には小さく番号が振ってあり、時おり「あと23段!」「beer or wine?」といった、登頂意欲をそそるメッセージも添えられている。励みになるぞ。

たどり着いた途端、にわかに視界が開けた。雑居ビルの屋上に、こんな露天スペースがあったとは! 緑をふんだんに配し、屋外にテーブルとイスを用意。屋内にも席があり、カウンター席もある。サロンができる前は画材店の倉庫だったとは信じられない居心地のよさ。58段の階段は空へと続く抜け穴か? ほぼ毎夜、投げ銭スタイルの生演奏が行われ、お酒と料理と音楽の心をゆるませる三拍子が揃う。

生ビール、プハ〜〜〜ッ。「真昼のほろ酔いセット」のタパスをツマミに、グラスを傾ける。目線を上げた先には、ぽっかりと開けた銀座の空。至福のため息をついて、今度は大きく長く息を吸い込んだ。

友に写メ送ったろか。いや、今はやめておこう。銀座の迷路的裏道を抜けて、直接ここに連れてこよう。空見酒が数倍おいしくなるコースを思案して、ひとりほくそ笑むのだった。

ビル間の空の切れ端を抜けて、見上げたい

ラウンジバー プリヴェ

カウンターは木の葉をイメージし、柔らかいカーブを描く。テラスにはソファ席を置く。ランチセットやティータイムセット、隣接のフランス料理『クラウン』から運ばれるフィンガーフードも楽しめる。チャージ無、サービス料 10%

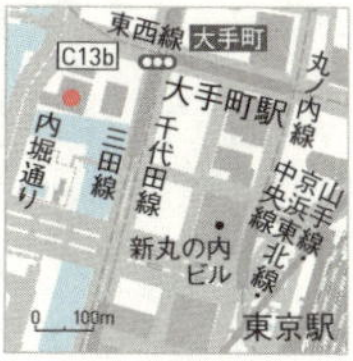

東京都千代田区丸の内 1-1-1 パレスホテル東京 6F
☎ 03・3211・5319

小笠原伯爵邸 CAFÉ

1927 年（昭和 2）築。本格的なスパニッシュ様式を取り入れた小笠原長幹伯爵の本邸をそのまま生かす。竣工当時の造りを再現する改修を施し、2002 年に蘇った。チャージ無

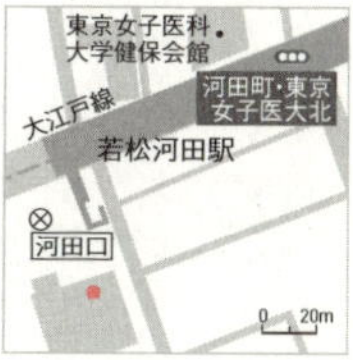

東京都新宿区河田町 10-10
☎ 03・3359・5830

月光荘サロン 月のはなれ

2017 年に創業 100 年を迎える「月光荘画材店」が、かつて画家や文化人のサロン的な場であったことから、人々が集う場を作ることを目的に誕生。店内には売り出し中の画家の作品を飾る。チャージ無

東京都中央区銀座 8-7-18 月光荘ビル 5F
☎ 03・6228・5189

陸に飽きたら海があるさ

理想的すぎる、一艘まるごと船のバー in 船橋

濃紺、**青**、**水色**、**浅紫**、**淡紅色**、**橙**と空一面がシルキーなグラデーションに染まる頃、東京湾に浮かぶ一艘の船に「OPEN」の電飾が灯る。『deep《ディープ》 blues《ブルース》』はクルーザーを改造したバーである。

観光地でもない橋のたもと。そこに留めた船一艘が丸ごとバーなんて酔狂な店はそうそうない。何年も前から行きたくて、その名を手帳にしたためていたものの、本日が初めての訪問となる。焦がれていた店にやっと行ける静かな興奮に、自然と急ぎ足になる。

JR船橋駅を降り、繁華な駅前を抜け、ややひと気の少なくなっていく海沿いを目指す。自動販売機に当然のごとくMAX COFFEEが並んでいるのをチェックし、ここが千葉であることを最確認。湊町、海神なんて地名が海沿いの街であることをあらためて感じさせる。15分ほどで橋のたもとにたどり着いた。満ちる潮の香り。その先にぽつんと浮かぶ一艘のクルーザー。おお、あれだっ！ 心で小躍りしながら、足元

◉ MAX COFFEE

黄色の地に茶色いギザギザ模様のパッケージが特徴。多量の練乳を使用しており、世間の微糖傾向に逆行する甘さ。"チバラギコーヒー"と呼ばれるほどに、千葉県・茨城県・栃木県の販売量が突出している。

は注意深く、道路から海沿いの堤防へと続く階段を下りていく。

ちょうどオーナーバーテンダーのSAKUさんが開店の準備をしていた。

通常、バーの開店準備といえば、床の掃除、ボトルの拭き掃除、氷の準備といったところから始めると思われるが、そこからしてまず違う。最初に乗船のための通路を渡し、船が動かないように海底に沈めたアンカーが抜けていないかを確認。左右の傾きを安定させるバラストをチェック。その日の風向きや天気図、気圧にも目を通しておくという。

開店の看板を掲げた、念願の船のバーへと一歩、一歩渡っていく。堤防から続く頼りなく細い階段を下り、木製の通路を渡る先にくぐもった明かりの灯る憩いの空間が

夕暮れどき、「OPEN」の明かりが点灯。

船室を改造したテーブル席も雰囲気抜群。

ある。目の前に見えているこの情景自体すでにシビれるが、いよいよ船内へ歩を進めるとそのカッコよさに失神しそうになった。

船内でありながら、席は艶やかな光沢を放つカウンターが中心。立派なバックバーがあり、船首にあたる階段を下ったスペースにはある程度の人数も受け入れそうなテーブル席もある。「こんなバーがあったらいいな」をそのまま形にしたようだ。「初めてのお客様は身分証明書を提示してもらっているんです」とSAKUさん。海に浮かぶ船室という限られた空間であり、安全を保障するためにも会員制という形を取っている。とはいえ会員証の発行は無料。見るからに不審極まりない人物の入店を防ぐ、という意図もありそうだ。

バックバーに隙間なく並ぶボトルはラム酒オンリー。キューバやプエルトリコ、ジャマイカなどのカリブ海諸国や南米、アジア産など300種以上もの種類を誇る。ラム以外の酒は置かず、リキュールでさえもないため、「ダイキリは作れても、X.Y.Zは作れないんです」という具合。その振り切り方が潔い。

ラムカクテルの大定番、モヒートを味わいながら、バーのことをあれこれ聞いてみた。開業は2006年で、SAKUさんは二代目のオーナーバーテンダーとなる。ラム専門バーとなったのは、「本物の船の上で、海の男の酒を楽しんでほしい」という初代の思いが込められているという。

◉ダイキリ
19世紀末、キューバのダイキリ鉱山の技師たちが飲んでいたことから命名されたという。ラムをベースにライムジュース、砂糖を入れてシェイク。氷と共にミキサーに入れて作るフローズンダイキリは、作家ヘミングウェイが好んだカクテルとしても知られる。

◉X.Y.Z
ラムをベースにレモンジュース、ホワイトキュラソーといったリキュールが入る。アルファベットの終わりをつけた名は「これ以上のものはない最高のカクテル」の意を持つ。また、「今日はこれで終わり」という寝酒の一種ともされる。

◉モヒートの歴史
モヒートの原型となった「ドラケ」は、ハバナをコレラが襲った際に木製のスプーンと共に提供され、医療目的でも消費された。『deep blues』では、角氷を入れ、最後にクラッシュした氷もトッピングするスタイルで提供。

多彩なラムで好みに合ったカクテルをリクエストしよう。

船室はラムのボトルでいっぱい！

クラッシュアイスをのせたモヒート。

初めての入店には会員証の発行が必要だ。

ラムが海の男の酒といわれるのは、発祥の地であるカリブ海域を横行する荒くれ者の海賊たちが愛飲していたことが大きな理由。17世紀中頃からは、英国海兵への支給品でもあった。それはラムが、当時船乗りたちを苦しめていた壊血病の特効薬と信じられていたためで、当時はまだ荒々しい味わいだったラムを飲みやすくするために、ともに支給されていたのがライムジュースだった。この伝統は1970年まで続くのだが、後になって壊血病予防に効き目があったのは実はラムではなくビタミンCを含んだライムジュースの方にあった……というオチが付くのだけれど。

2杯目は珍しい漬けラムにした。ショウガ、ハチミツ、シナモンを漬け込んだものを炭酸割りにしてもらう。ほかに、オレンジピールとバニラビーンズを漬けたもの、4種のベリーを漬けたものなどバリエーションがある。甘さとスパイシーさがあって、寒い日にはホットにしてもおいしそう。

船自体は大きく改造してあり、海に出ることはできない。なんせ操縦席にもボトルが目いっぱい敷き詰めてあるしね。でも通常はひと回り小さなクルーザーをもう一艘、この船に抱かせてあり、予約すれば約30分のクルーズに出ることができる。しかも何人乗っても料金は5000円ほどと良心的。船舶免許を持つSAKUさんが操縦する。「貝殻でできた無人島、その名も貝殻島なんかも回ってこれます。好きなラムカクテルもここで注文して持ち込めますよ」。ひゃー、乗ってみたいっ！　ガラにもなく乙女チックに萌える。

◉貝殻島
東京湾に残る干潟・三番瀬（さんばんせ）にある、打ち寄せられた貝殻などが真っ白に堆積した島状の一帯。干潮時の島の高さは約4m、生物を育む稀少な揺籃スポットでもある。

◉アグリコール・ラム
1840年代頃からの製法で、ラムの中では比較的歴史が新しい。「農業生産」という意味で、ラム用だけに刈り取ったサトウキビで搾った100%ジュースを発酵させて造る。香り豊かで繊細な味わい。特有のクセがあるものもあり、奥深い。

ああ、まだ帰るには名残惜しい。今度はストレートでラムを味わってみたい。まだ飲み慣れていないアグリコール・ラムをリクエストしてみると、「このあたりが飲みやすいと思います」と2種をチョイスしてくれた。日本ラム協会認定「ラム・コンシェルジュ」の資格を有しているだけあり、こまやかな説明を添えてくれるので、好みの味わいにたどり着きやすい。初めて見るラベル、聞いたことのない銘柄ばかりだから、こんな時はプロにまかせるに限る。

船のバーゆえ、強風、台風の日はお休みとなる。堤防との渡り通路が外れてしまったら、係留してあるとはいえ〝プチ漂流〟状態になってしまう。訪れる側も天気読みが必要な、どこまでも稀有なバーなのだ。

RUMBAR deep blues ラムバー ディープブルース

毎週日曜は、レディースナイトとして女性はドリンクメニューがすべて半額。最寄り駅からタクシーを利用した場合は、領収書の提示で最大1000円まで会計からキャッシュバックしてもらえる。チャージ無

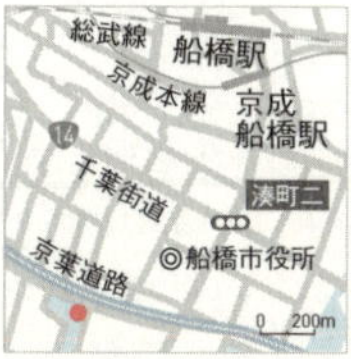

千葉県船橋市湊町3-8
☎047・432・9174

潮風とネオンとハシゴ酒

港町でバー・ホッピング in 横浜

横浜の魅力は、酒場抜きには語れまい。港町にはグッドバーが付きものなのである。長旅を終えて陸に上がった外国人船乗りたちは美酒を求め、彼らを受け入れるバーが広まって栄えてきた。日本で初めてバーが誕生したのも、ここ横浜。開港の翌年、1860年（安政7）に開業した日本初の西洋式ホテル、山下町『ヨコハマホテル』のバーだといわれている。

かくいう私、横浜市で生まれ育ち、41年にわたって住み続けているというのに、ハマのダウンタウン、野毛で初めて飲んだのは30歳を過ぎてから。デビューが遅い分、受けた衝撃は大きかった。約500軒もの小体の店がギュウギュウに詰まった飲み屋街は、開けども開けども尽きることのない宝箱。昭和的ネオンに招かれて入った店はどこも個性が立っていて、あれほど飲み屋が密集しているのにキャラかぶりは一切ない。こんな気取りのない横浜があったなんて！　地場の強烈な磁力たるや！　飲んで歩く横浜と飲まない横浜、見えてくる風景はずいぶん違う。飲んでこそ、ここが港町

なのだと実感できる。
　ではでは、横浜の素顔を知るバー・ホッピングと参ろうか。

スタートはホテル「ナビオス横浜」のメインバー、『Seamen's《シーメンズ》 Club《クラブ》』。

赤レンガ、ベイブリッジ、夜の海に浮かぶ船と、長いカウンターの前には〝ザッツ・横浜〟な眺めが広がる。
　そもそもは船員・海事関係者のための福利厚生施設で、１９９９年に一般の人も利用できるホテルとして開業した。そのためか、これほどスペシャルなロケーションでいて想定外にリーズナブル。チャージもサービス料もない。先ほど入ってきた男前な女性客は、仕事終わりにしばしば立ち寄る常連のよう。日常的に通うバーがこの夜景って、かなりかっこいい。ムード満点の雰囲気でいて、焼酎や日本酒、ツマミには焼きめざしや焼きうどんまであって、この気さくさが通える理由のひとつなのかも。

宵の口、次は街場のバーへ繰り出してみよう。

　１９５０年開業の福富町『クライスラー』は高い高い天井や壁一面、棚の隅々まで、古い洋酒のノベルティがあれこれ飾られており、まるで洋酒の博物館のよう。文化遺産級の空間が広がっている。オーセンティックバー、山下町『スリーマティーニ』もまた、店いっぱいに隙間なく貴重なノベルティが飾られていて、骨董品に囲まれている気分になる。カウンターにはふかふかのクッションが、肘を柔らかく受け止める。

◉『クライスラー』
オーシャンウイスキーの水割りやハイボールが定番。レトロなジュークボックスもある。

◉『スリーマティーニ』
山下公園にほど近く、バーフードも充実。レコードの良音が流れる。

ナビオス横浜、『Seamen's Club』より夜景を望む。

◉都橋商店街

1964年、露店・屋台を収容してできたビル。大岡川の緩やかなカーブに沿って建つ。

◉『ホッピー仙人』

〈ホッピー〉をサーバーで供する「生ホッピー」を提供する専門店。究極のホッピーを味わいたい方にはうってつけ。

◉『野毛ハイボール』

ハイボール以外のお酒も用意。自家製ショウガシロップのモスコミュールはぜひもの一杯！

◉『ヌビチノ』

正式店名『ウナ カサ デ グビグビ エルヌビチノ』。「ぬるいビールをちびちび飲む」が由来。しっかり温度管理したクラフトビールを提供。

左に見えるのが夜の都橋商店街。野毛のランドマーク。

季節の果実を使ったカクテルが絶品で、毎度のお楽しみである。

ハシゴ酒の本丸、野毛は、かつて桜木町にあった造船所や海運に携わっていた人たちが一日の労をねぎらった飲み屋街。「今日、何軒目？」と迎え入れ、「いってらっしゃい」と送り出すのが通例だ。

大岡川沿いの水辺に浮かぶ宇宙船、都橋商店街には、『ホッピー仙人』『野毛ハイボール』『ヌビチノ』がそれぞれ、生ホッピー、氷なしハイボール、クラフトビールを専門としてお客を迎え入れる。営業中でも営業しているかよくわからない『日の出理容院』は、その名のとおり、床屋だった時代の扉や店構えを生かしている。ほの暗い店内では、やけにひそひそ声になってしまう。ジャズバー『ダウンビート』でシメようか……と思う頃には、足はよろめき、目は半目。酩酊寸前である。

こんな風に心おきなくバー・ホッピングができるのは、大半の店でチャージがないことが大きい。港から陸に上がった外国人船員たちにはチャージの習慣がなく、その往時の名残を今もとどめているのだ。新たな酒場も登場し、街は新陳代謝を繰り返しているけれど、ハマの酒場のもてなしにはやっぱり港町の風が吹いている。

◉『ダウンビート』
１９５６年開業。半世紀以上かけて収集されてきたレコードは３０００枚以上にのぼる。

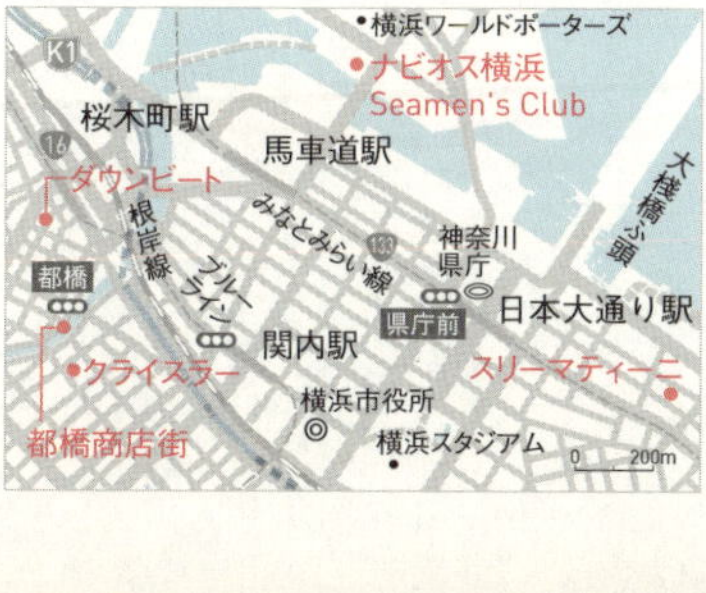

思わぬ〝魂の保養所〟でチャージ

雑踏から直行できる小旅行 in 品川駅・東京駅

「品川駅にあのバーができてから、出張帰りの終電を逃がす人が続出なんですよ」

隣客とバーテンダーの会話を、耳が興味深くキャッチする。

どうにも気になって、バーの名をたずねると『MONDE BAR《モンドバー》』だという。『MONDE BAR』といえば、銀座のオーセンティックバー。少々襟を正して伺いたくなる大人の空間（しかも上級者編）であるのと同時に、知人のバー愛好家から「カツサンドは必食、自家製ハムも秀逸。フードが充実していてどれも美味。お腹がすいていても1軒目からいけるバーだよ！」とよだれが湧いてくる情報を得ていたバーだった。

隣客が解説してくれる。「その支店なんです。ジントニック、マティーニがおいしすぎて、一杯飲んで関西方面に帰ろうとするビジネスマンたちがついお代わりしちゃう。で、気づいたら終電が過ぎてて結局ビジネスホテルに泊まるという……」。

バーがあるのはアトレ品川の飲食店フロア。駅直結のビルの中の？　しかも10年近くも前から？　そのギャップにますます興味が湧く。

後日、交通の便がいいことを口実に、仕事の打ち合わせの場所を例の品川『MONDE BAR』に設定してもらった。カウンター席と、列車の座席のようなテーブル席がある。荷棚も列車のそれ風で、ヨーロッパの長距離夜行列車、オリエント急行をイメージしてある。並び合うテーブルに自然と軽い仕切りができ、打ち合わせの場としてもぴったり。少々親密な話し合いにも使えそうだ。スーツケースを引く人や外国人客、手帳を片手に書き物をしている女性ひとり客の姿も見え、次へ移動するためのひとときを過ごしている様子がターミナル駅らしい。

2度目の訪問はひとりで。カウンター席に座ってみた。同じフロアにはバルやニューヨーク料理の店、ベルギービールのビアカフェなどがあり、どこも開放的なのだが、『MONDE BAR』だけには扉が付いている。そこから先に入るとざわついた物音は途端に途切れ、バー然とした落ち着いた空気が流れているのである。

食後の昼下がり、カンパリソーダをお願いした。鮮やかな赤にオレンジピールの橙黄色が映える。ほどよい軽さでいて、甘さとほろ苦さが織りなす複雑味が心地いい。

カウンターに立つバーテンダー・小林叔巳さんが教えてくれた。

「電車が時刻表どおりに動かないヨーロッパでは、主要駅にバーがあるのがあたり前。ターミナル駅にオーセンティックなバーがない日本の方がむしろ珍しいのです」

気になっていた噂の真相を確かめてみた。

●オリエント急行
起源は、1833年に運行が始まったパリ～コンスタンティノープル（現イスタンブール）間を走る寝台列車。第二次世界大戦以前は王侯貴族や裕福な商人、旅行者などに利用され、西ヨーロッパ圏から異文化圏「オリエント」へ行ける列車として人気を博した。

●カンパリソーダ
イタリア生まれのハーブや果実を配合したリキュール（カンパリ）のソーダ割り。鮮やかな赤い色味が女性らしい。『MONDE BAR』ではカンパリを冷蔵庫で保管、キンと冷たい温度で提供。氷は丸一日かけて締めなおした、手をかけたものを用いる。

『Bar Oak』はホテルのバーらしい凛とした雰囲気。

昼下がりの気分に合うカンパリソーダ。

『Bar Oak』のテーブルはトランクがモチーフ。中は…。

『MONDE BAR』の店内は、列車風。

「たしかに終電を乗り過ごされるお客様もいらっしゃいますねぇ。でもひと声かけていただければ、私たちがペースを気づかったり、座ったそばから新幹線のチケットや時計をカウンターに置く方にはこちらからお声をかけます」

出張先での最後の一杯って、仕事が終わった安心感もあってひと際おいしく感じる。携帯で乗車時間の変更もできるし、つい杯が進んじゃう気持ち非常にわかるなぁ。

銀座の本店と大きく違うのは、毎日のように初来店のお客が多いことである。昼前からきちんと手をかけたカクテルが味わえるため、小林さんによると、午前に仕事がアップする人にもありがたがられているという。

「ターミナル駅は、いろんな事情の人が往来して交差し合うスクランブル交差点のような場所かもしれません。そこに正統派のバーがあれば、通りすがりの方でも女性おひとりでも気軽に扉を押せるのではないでしょうか」

2杯目は評判のマティーニにしようか、それとも……。

「サイドカーはいかがですか？」

バーテンダーの勧めには、素直に従うことにしている。一般的にはコニャックを使うところを、アルマニャックを使うのがポイントらしい。コニャックの華やかで柔らかい印象とは異なり、さっぱりしているけど骨太、より男性的な味わいを楽しめる。

バーを出て、品川駅の改札をくぐる。見知った駅に「魂の保養所行き」の特別ホームを発見したような、愉快な気分になるのだった。

◉サイドカー
ブランデーベースのショートカクテルでオレンジ果皮の香味成分が入ったリキュール「キュラソー」、レモンジュースとともにシェイク。アルコール度数が高く、男っぽい見た目だが、オレンジの香りやフレッシュなレモンの酸味が爽やか。

発着列車本数は日本最多、首都の玄関口である東京駅にもオーセンティックバーはある。それも、赤レンガの駅舎の中、改札を出てわずか200歩強のところに。東京ステーションホテルのメインバー『Bar Oak《バー オーク》』である。ホテルのバーながら、宿泊者のみならず旅の出発前や旅帰りのその足で立ち寄る人、通勤帰りの憩いのひとときを過ごすビジネスマン&ウーマン、と客層は幅広い。

名バーテンダー・杉本壽さんに会いにくるお客も少なくない。御年75歳、バーテンダー歴は50年以上。作家・内田百閒《ひゃっけん》なども通った同ホテルのバーカウンターを守ってきた、長老バーテンダーである。今も週3日ほどカウンターに立ち、気さくな笑顔でもてなしてくれる。杉本さんがレシピを考案し、バーの名物となっているのがその名も「東京駅」というカクテル。赤レンガを彷彿させる上品な色味で、添えたライムは杉本さん曰く、「初めはそのまま、半分ほど飲んだら搾って変化を楽しんでみて。電車の上りと下りを楽しむように」。試すが吉である。

以前、連れと伺った際、杉本さんのカクテルを飲めるのがうれしくて「何か違うものを飲んでみたい」とお願いしたことがある。出てきたのは、美しいエメラルドグリーンのカクテルだった

わーい！　メニューにはないカクテルの登場に、マニアでも鉄分多めでなくとも、これには浮足立つ。

◉内田百閒
（1889〜1971）。夏目漱石門下の小説家、随筆家。東京ステーションホテルには幾度も滞在して執筆しており、同ホテルが登場する作品もある。

◉東京駅
東京駅開業75周年の際に作られたオリジナル。ジン〈タンカレー（Tanqueray）〉、ハーブリキュール〈スーズ（Suze）〉を使い、「Tokyo Station」の頭文字「T.S」にかけてある。ライムジュース、ざくろジュースが加わり、上品な甘みが広がりつつキリリと引き締まる味わい。

今年は列車にちなんだカクテルの登場が目白押しで、鉄道ファンならずともときめく。3月の北陸新幹線長野〜金沢間の開業では、車両カラーの空色とアイボリーホワイトを再現したカクテルが登場（〜2015年6月末まで提供予定）。ホテル開業100周年にちなみ、お客が投票制で記念カクテルを選ぶ企画もある。選ばれるとメニューへのレギュラー入りを見込まれるため、同ホテルのバーテンダーたちも熱が入る。

レンガの駅舎を出ると、旅から家路につくような心持ちがする。仕事終わりのたった1時間、息抜きと明日のやる気をチャージする。こんな小旅行があってもいい。

手前が「東京駅」。奥は日本酒を使った「トランスポーター」というオリジナルカクテル。グラスのふちには、砂糖がまぶしてある。

ターミナル駅のバーは
魂の保養所行きのプラットフォーム

MONDE BAR 品川店 モンド・バー

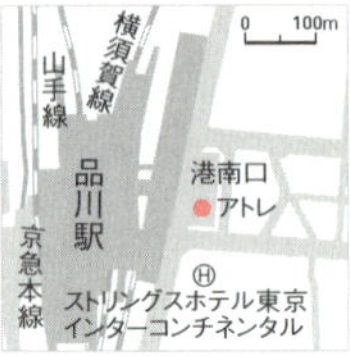

本店仕様の自家製ハム、黒毛和牛のステーキなどコックが腕を振るうバーフードが充実。開店の11時からカクテルが楽しめ、買い物途中の奥様がふらりと寄っていくことも。チャージ600円（17時〜）、サービス料10%

東京都港区港南2-18-1 アトレ品川4F
☎ 03・6717・0923

Bar Oak バー オーク

1915年（大正4）、東京駅丸の内駅舎の中に誕生したホテルにある。駅舎創建当時の赤レンガと、木の質感を生かしたインテリアでまとめられている。チャージ無、サービス料10%

東京都千代田区丸の内1-9-1東京ステーションホテル2F
☎ 03・5220・1261（バー直通）

第4章

今どきビールの歩き方

コアな本格エスニックを頬張りながら

鉄板タッグ、ネパール版餃子で乾杯! in 神田

クラフトビール人気の勢いが止まらない。小規模な醸造所でビール職人が手作りしているビールのことである。8年ほど前からじわじわ火が付きだし、一部のマニアに受けていたものが新しいビールのジャンルとして沸き上がってきた。専門店やクラフトビールをメニューに加える店がいまだに増えている。

いまのように愛飲者が増える前、というより日本で初めて国産クラフトビールを扱ったといわれる両国『麦酒倶楽部 POPEYE』で口にしたときは、その濃ゆく深い味に感服したものである。大手メーカーのゴクゴク喉で味わえるおいしさとも違うし、琥珀色のビールが注がれたグラスには〝生中〟にはない気品と迫力みたいなものが感じられた。

盛り上がり始めた頃は、「地ビールから呼び方が変わっただけ?」なんて認識でしかなかったのが、次第に、造り手の技術が向上して種類も格段に豊富になってきたんだ

◉『麦酒倶楽部 POPEYE』
95年から樽生のクラフトビールを扱い、その魅力を伝えてきた青木辰男さんがオーナーを務める。70ものタップを備え、炭酸ガス圧や温度を徹底的に管理した極上ビールを提供。青木さんは「タモリ倶楽部」にも過去数回登場。

◉生中
生ビール中ジョッキ。

と気づく。だから呼び名も「地酒」に対して付けられた「地ビール」から、「クラフト(=手工芸品)」が主流になった。日本の地ビールは、1994年4月に酒税法改正で誕生したのを機にみやげ物的に造られたものが多かったという。〈銀河高原ビール〉に出合った頃はその新鮮な味わいに目を見張ったけれど、大方が旅先の記念であり、飲み手の私もそれほど味わいに注目していなかったように思う。

でも今は手塩にかけて味わいを追求し、アート性が出てきた。時季に合わせて代わる代わる新しいラインナップが登場するのも楽しい。

クラフトビールには、スタイルが100種以上もある。淡い色味から深い色味まであり、香りも多彩。ぜひおさえておきたい代表的なものは、ヴァイツェン、ペールエール、IPA、スタウト、バーレーワインあたりだろうか。

もし私が3杯飲むなら、1杯目は小麦から造られるホワイトビール。コリアンダーやクローブといったスパイス、オレンジピールなどのフルーティな香りがするものが多く、ゴクッといくと淀んだ血が浄化された気になる。季節のフルーツビールに冒険するのもいいなぁ。原料にベリーや柑橘類、リンゴなどが使われることが多い。なんといっても香りがいいものが多いしね。

2杯目はエール系。ほどよい苦みとロースト感、ガーネットのような色が美しいアンバーエールが好み。落ち着いて味わえるし。

シメの3杯目は、重めを持っていきたい。スタウトをちびちびいこうか、豊富なホッ

●酒税法改正
年間最低製造量が2000㎘から60㎘にハードルが引き下げられたことで、各地の小規模醸造所がビール造りを開始。登場して数年は、どんどん造っては売り、余れば廃棄するような製造市場だった。

●銀河高原ビール
96年、「本物のビール造り」をめざして岩手県で事業が始動。ドイツで造られるヴァイツェンをもとに独自にアレンジしたビール。

●ヴァイツェン
小麦麦芽を全体の50%以上使用した、白濁したビール。苦みはほとんどなく、フルーティな香りと味わいが特徴。ドイツ南部発祥のホワイトビールの呼び方で、ベルギー産はヴィット(ベルジャンスタイルホワイト)と呼ばれる。

●ペールエール
琥珀色、あるいは赤みを帯びた銅色が多い。ペール=淡色(スタウトに比べて)、エール=フルーティな香味が特徴の「上面発酵」を表すビール。ホップの苦みも強弱幅があり、酸味や甘みのバランスが取れていて食事に合うものが多い。

プが入って苦みのきいたＩＰＡでキメようか。

専門店に行ったなら、まず目が惹かれるのはタップである。樽のドラフト（生ビールを注ぐサーバーのこと）で、これが5つあれば5種のドラフトが味わえる、ということになる。どこもビールという親しみやすいお酒が主役のせいか、ざっくばらんに入れるカジュアルな雰囲気のところが多い。

アイリッシュパブ系なら「フィッシュ＆チップス」、アメリカンなビアパブなら「バッ

『ヒマラヤテーブル』カウンターの奥、ピカピカに磨かれたタップ。

◉スタウト
いわゆる黒ビール。麦芽の香味を強調し、深いコクがあり香ばしい。

◉バーレーワイン
直訳すると「麦のワイン」。イギリスでワインの代わりに大麦（Barley）で醸造されたのが起源で、ビールとは思えない豊かな熟成香がある。アルコール度数が約8～13％と高く、冷やしすぎずにゆっくり飲みたい。シメにも最適。

◉ＩＰＡ
ホップの苦みが豊かなペールエール。India Pale Ale（インディア・ペール・エール）の頭文字を取ったもので、18世紀、イギリスからインドにビールを輸出する際、ビールが腐敗しないよう大量にホップを使ったことに由来。

◉渋谷エリア
『クラフトヘッズ』（アメリカのクラフトビールに強く、ＩＰＡも充実）、『Goodbeer faucets』（なんと40種ものドラフト・クラフトビールを提供）、『THE GRIFFON』『ヘイメル』『セルベッサジム　カタラタス』などなど、ビールを存分に味わえる店が集う。

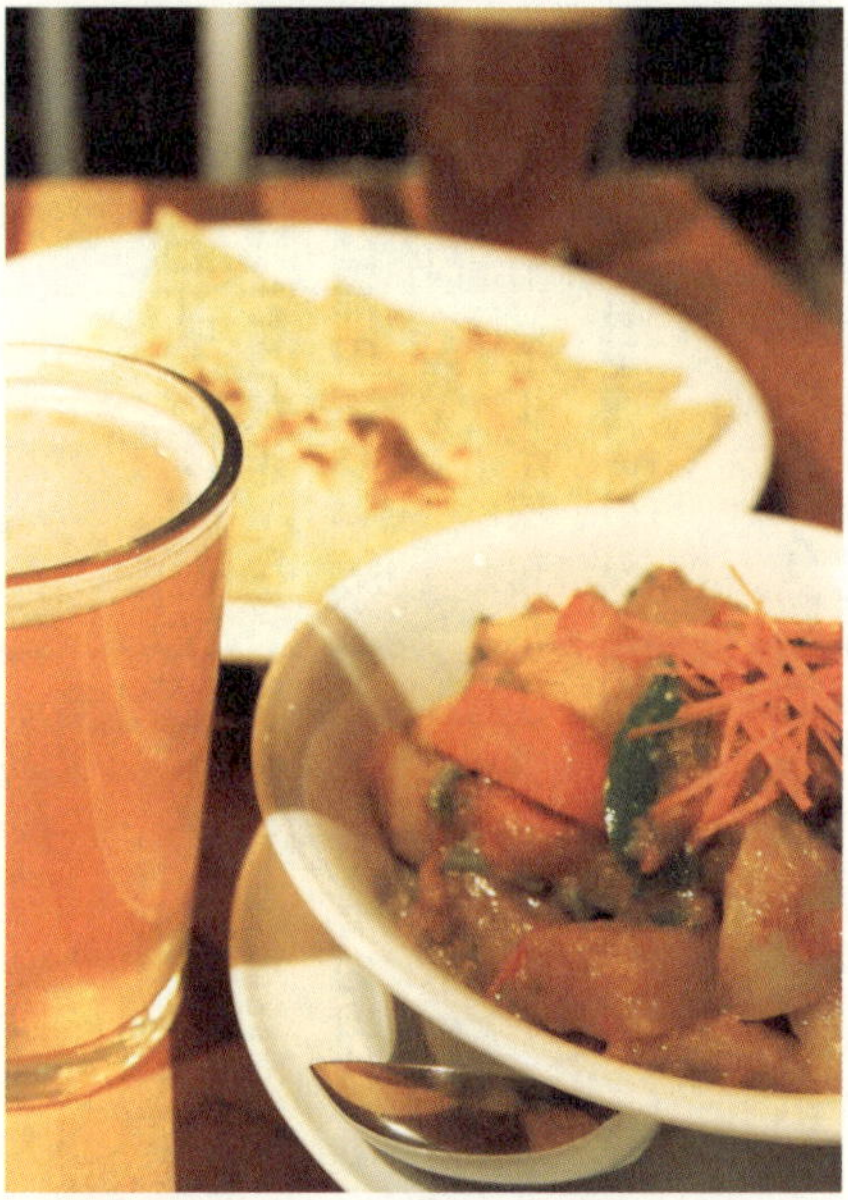

全粒粉の香ばしさ広がるチャパティには白ビールを。

ネパールの神様は祀られていないが、頭上に小鳥を発見。

すぐ近くの神田出世不動尊に参ってから乾杯といこうか。

ネパールの餃子「モモ」×クラフトビール。間違いなし！

ファローウィング」「スペアリブ」なんて、お決まりのツマミを味わうのも、らしくていい。ここ数年、キラキラ磨き上げたタップを守備する専門店が熱いのは渋谷エリア、それに神田エリア。神田はほどよく力の抜けた街の中に、12のタップを備える『地ビールハウス 蔵くら』、アメリカンフードに力を入れる『Devil Craft 神田店』、樽生ベルギービールが味わえる『ブラッスリー セント・ベルナルデュス』、and more……という具合で棲み分けができている。

中でも個性的な料理と組み合わせているのが、『ヒマラヤテーブル』である。

ここで提供するのは、ネパール料理。ウォー（一晩水に浸した豆から作る「お好み焼き」）、スクティ（マトンの干し肉のスパイス炒め）、スプリング・ロール（焼きそばの揚げ春巻）、なんてコアなメニューが目白押しで、インド料理に媚びてないところが極めて好感が持てる。インド料理も愛してやまない大好物であるが、大方のネパール料理店は「引きが弱い……」という理由からインドの国旗を掲げ、お香を焚き、高音の女性が歌い上げるインド音楽を流しているところがとても多い。

ネパール料理は、インドに比べて香辛料や油が抑えめで優しい味付けのものが多く、中国との国境であることから中華料理の影響も受けている。それはそれで違いがあって興味深い。『ヒマラヤテーブル』には国旗も音楽もないが、ネパール人コックが手がける家庭的な料理が楽しめる。

必食はネパール版餃子、モモ！　ギョーザ×ビールが鉄板なのだから合わないはず

◉モモ
薄く延ばした小麦粉の皮でスパイスと和えた鶏や羊の挽き肉を包み、蒸したもの。見かけは小籠包のようでもある。チベット伝来で、ネパールでも一般的に食されている。

◉チャパティ
小麦の全粒粉（アタ）で作る薄焼きパン。素朴で北インドではとてもポピュラーな主食。

◉ナン
精製した小麦粉の生地を発酵させ、タンドールという窯の内壁に張り付けて焼く。現地でもレストランで供されることが多い。

◉パロタ
バターが生地に練りこんであり、クロワッサンのごとき薄い層が重なる円盤状のパン。

◉プーリー
チャパティを油で揚げたもの。揚げたてはプックリ膨らんでいる。

がない。

「〝麦（皮などに小麦を使用）×麦（ビールの原料）〟もいたく相性がいいんですよ」とは、店主・久保田秀樹さんの弁。

「とくに焼きたてのチャパティをつまみにホワイトビールを合わせるのも最高！　ほかの料理がなくてもいいくらい」

チャパティはナンともパロタともプーリーとも違うパンの一種。私が過去に受講したネパール料理教室の先生は、「コレガ上手ニ作レナイトオ嫁ニイケマセン」と言っており、なぜか猛練習したことがある。が、さすがプロよ。カウンター席からはチャパティを作っている様子がかぶりつきで見られ、美しい円形の生地が手際よく次々できあがる。そして焼きたての香ばしい香り！　柔らかい食感！　素朴で滋味深い味わい！　ほんとだ、ビールが進むぜ！

　これにチキン、マトンといった定番のカレーや、日ごとに変わる本日のカレー（この日はカブとチキン♡）を合わせたり、炒め物などおかずを包んだりしても美味なり。ビールもお代わりしたいところだけど、さすがに麦×麦の満腹感がハンパない。あれこれ食べたい私としては、次回は連れを誘うのが得策だと考えている。

ヒマラヤテーブル

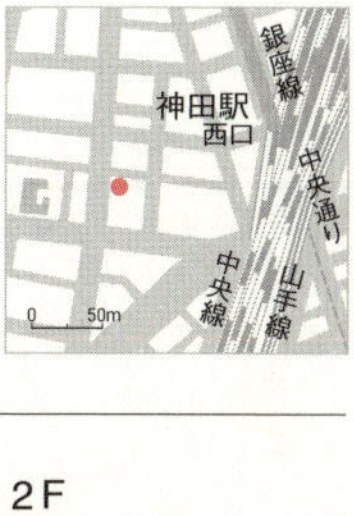

旅行ガイドとしてネパールを行き来していた店主が、2013年3月に開業。自身が衝撃を受けたクラフトビールと現地の料理のおいしさを伝える。カウンター席もあり。食べきれなかったものは丁寧にラッピングをしてくれる。

東京都千代田区内神田3-5-5大同ビル2F
☎ 03・3525・4110

オンナの生活圏にもスポット台頭中！

悦楽のクラフトビールちょい飲み in 渋谷 ほか

クラフトビールは男性のみならず、すでにオンナの生活においてもたやすく手が届く立ち位置にある。通勤帰りやショッピングの合間にと、カフェで一服くらいの軽やかさでサクッと飲めるスポットが登場しているのだ。

2014年7月、渋谷駅直結の渋谷ヒカリエに誕生したのは『iBeer《アイビアー》・LE《ル》・SUN《サン》・PALM《パーム》』。ファッショナブルな複合ビルのレストランフロアの一角にあり、ナチュラルな風合いの造り。通し営業のため、次の予定まで時間が空いたときにも便利である。

実際、昼下がりから夕暮れ時はビアバーというよりカフェ的に利用するお客が多いもよう。観察してみると、隣の20代後半（推定）女子ふたりはジュースでガールズトークを展開、後方の男女（30代半ば）はブラックコーヒーで打ち合わせ中。さらに奥の40代半ば女性3人組は、ポットからハイビスカスブレンドティーを注いで喫している。

（ビール飲まんかーい！）

私の中の「おじさん」がねじくれ出す。事実、せっかくこの店にはクラフトビール用の10のタップがあって、オリジナルビール「ヒカリエエール」なぞもあるのに。

あれこれ味見をしたい私は、おすすめの生4種を味わうことができる「飲み比べセット」(1059円)をチョイス。この日は、ピルスナー、特別栽培コシヒカリを使ったすっきり系、野生日本ミツバチのハチミツを使ったオリジナル、IPAというビールのセット。メニューを拝見したところ、全体的にフルーティで香りに特徴があるものが多いラインナップがこの立地らしい。

19時が近くなると、途端にビールのオーダーが次々と入ってきた。

(それでよし!)

その状況を見届け、妙に満足して店を後にするのであった。

クラフトビールの有料試飲ができるところも増えている。売り場に軽く飲めるスタンディングスペースを設けているところが多く、〝試飲〟と謳いながらも「酒場に入るほど本格的に飲むつもりはないけど気分を切り替えたい」というとき、とても重宝する。

東京駅構内にある『ルコリエ 丸の内』の登場はオンナたちだけでなく、仕事終わりのお父さん、出張帰りのビジネスマン、これから旅に出る人なんかにもよく利用されているという。スウィーツやドライフルーツが並ぶ一角にあり、らくちんなことに駅構内のため改札を出る必要がない。「泡」をテーマにお酒を扱っており、テイスティ

◉ピルスナー
ビールのスタイルの一種。日本の大手ビール会社が醸造、販売するビールのほぼすべてがこれにあたる。香りはシンプルでホップの苦味が特徴。

◉東京駅構内
地下1階の同フロアには『はせがわ酒店 東京駅GranSta店』があり、カウンターバーを併設。豊富な種類の日本酒を中心に、ワインや果実酒、ツマミも揃う。

『ル コリエ 丸の内』は帰宅前の気合い注入スタンド。

渋谷ヒカリエで買い物途中に乾杯！

細長〜い廊下の先の店内へ。『伊豆屋酒店』はご夫婦のアットホームさも魅力だ。

ングスポットではシャンパンやスパークリングワイン、クラフトビールのドラフトを2〜3種用意。100種ものボトルが陳列する前で、グビッと喉を潤せる。

定時を過ぎた頃からにぎわいはじめ、女性客にスーツ姿のお父さんたちも混ざる。隣の男性は何度も来ているリピーターのよう。最寄りのホームは、千葉と神奈川をつなぐ総武本線・横須賀線で、中距離の帰路へつく前に「よっしゃ、帰るぞ」と気合いの補給スタンドになっているようだ。会話をするでもないが、心の中で同調する。

（わかりますよ、お父さん。缶酎ハイ、缶ビールじゃ味気ないときもありますしねぇ。景気づけの一杯、いいじゃないですか！）

酒屋の店頭で飲める、いわゆる「角打ち」。この角打ちスタイルでクラフトビールに力を入れる店もある。

たとえば、調布『BEER HOUSE KEN』は売り場の9割以上を世界約30カ国のボトルビールが占める。都内でも珍しい「ランビック」というベルギービール専用の冷蔵庫を備えているところも頼もしく、ビールの深遠さに驚かされる。ビール博物館のような店内で、販売価格で好きなボトルビールを試飲できるのだ。

神泉『ビアスタンド平野屋』は、ベルギービールを主軸にひと手間かけたツマミがあるのもうれしい。これはオンナひとりでもスマートに飲めそうだ。

店頭で売っているものをそのままグビッといくのが角打ちの基本スタイルだ

●ランビック
ベルギーの代表的、かつ伝統的なビール。野生酵母による自然発酵で造られ、特有の香りと複雑な酸味が特徴。ほかのビールでは合わせづらい、古漬けや鱒寿司にもよく合うとか。

が、ドラフトのクラフトビールを守備している酒屋もある。しかも4種！　荏原町『伊豆屋酒店』は、きっと2回は素通りしてしまいそうな、細い入口。長い廊下を伝い、店内へと向かう。ボトルビールが並ぶ冷蔵庫の一隅に生ビールサーバーが設けてあり、注文をするとご主人がグラス一杯になみなみと注いでくれた。ドラフトは季節限定のシーズンビールが中心である。

（あ～、グラスで飲む生ビールはうまいねぇ！）

店内で売っている乾きものやスナック菓子もあるが、夫婦ふたりで営んでおり、毎日1品、奥さん手製のツマミが登場する。

（やっぱり手作りの味ってホッとするわい!!）

さらに、店では吟味した日本酒も扱っていて燗もつけてくれる。ビールの合間、あるいはシメに嗜むのもよい。

（燗酒も飲めるなんて最高じゃっ!!!）

こんな日々のアットホームな接客だけでなく、『伊豆屋酒店』では、ほぼ毎月1度のペースで蔵元や造り手を招くといったイベントを開催。それが、角打ち未体験のオンナをも店に招き入れる魅力につながっている。

というように、オンナのクラフトビールちょい飲みスポットは格段に拡大中なのである。しかしなぜだろう。足を運ぶほどに、自分がおじさん化してしまうのは。

ちょっと一杯……
じゃすまないビアスタンド

iBeer LE SUN PALM アイビアー・ル・サン・パーム

10種のクラフト生ビールと多彩なボトルビールが揃うビアカフェ。ビールの味わいをイメージしやすい表や説明がメニューに添えられる。しっかりお腹にたまるフードメニューも充実。

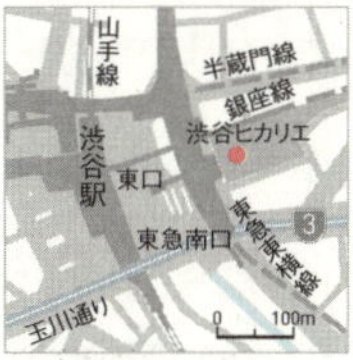

東京都渋谷区渋谷2-21-1渋谷ヒカリエ7F
☎ 03・6419・7496

LE COLLIER MARUNOUCHI
ル コリエ 丸の内

“泡でつなぐONとOFFのスイッチ”をコンセプトにしたリカー&フードストア。手土産や旅のお供を入手する場としても便利。

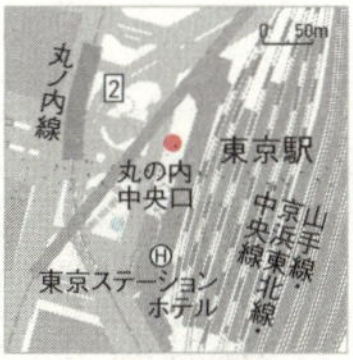

東京都千代田区丸の内1-9-1
JR東日本東京駅構内B1 GRANSTA
☎ 03・5220・5263

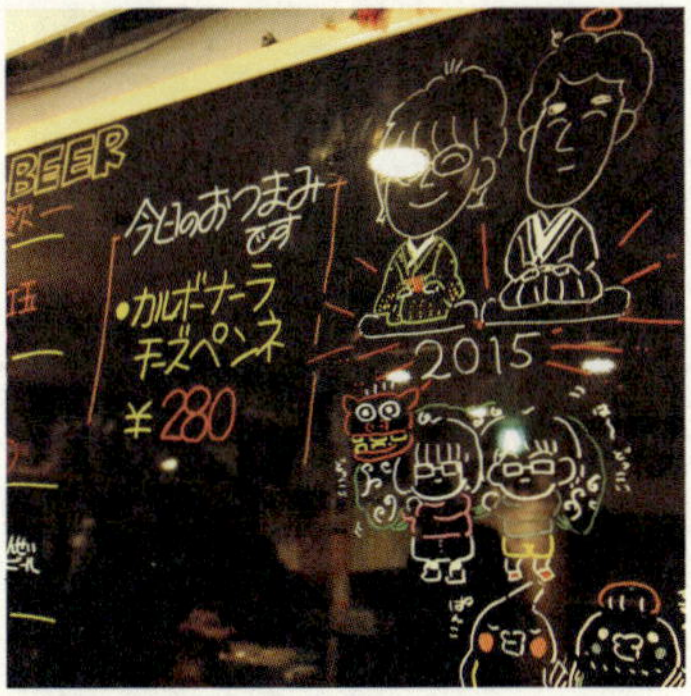

伊豆屋酒店

1936年（昭和11）創業。一度はコンビニエンスストアの業態になったが、三代目・中澤寿行さんが大幅な改装を決行。自身も興味があったクラフトビールに力を入れる酒屋に建て直した。約20メーカーと取引する。

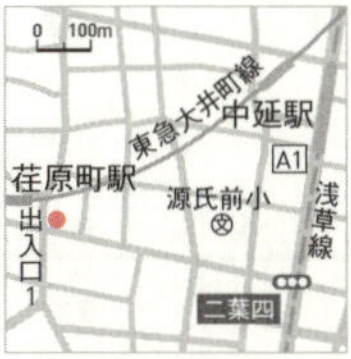

東京都品川区中延5-3-8
☎ 03・5749・1545

ここだけの話をしたいときのビアバー

教えたい、でも秘密にしたい穴場 in 旗の台

「スピークイージー（Speakeasy）」という隠語がある。「ヒミツの酒場」「隠れ家バー」といったところだろうか。アメリカの禁酒法時代にもぐりで営業していた闇酒場のことで、洋服屋や床屋、さらには葬儀屋の一室、覗き穴付きの扉の奥で、とあの手この手で酒場が営まれていたという。穴場の酒場に漂う、秘密めいたときめき。看板がない、路地の奥の奥にある、古書店の最上階が知る人ぞ知るラウンジになっている……といったシチュエーションは、平成の世でも人の好奇心をくすぐる。

その言葉がはまりそうなビアバーを見つけてしまった。東急線・旗の台駅から徒歩1分という駅近ながら、灯台下暗し。もちろん闇酒場ではなくきちんと営業許可を取ってあるし、入口には立て看板も出ている。のだが――。

窓にかかる大きなテントには「スナック 喫茶 フォックス」の文字。電飾看板にも、でかでかと同店の名が掲げられており、本来の店名「トランジット」の文字が見つけ

●禁酒法
1920〜33年のアメリカ合衆国において、飲料用のアルコールの製造、販売、輸送が全面的に禁止された法律。禁酒法時代後半の29年、ニューヨークには約3万2000軒のスピークイージーがあり、廃止前年には全米に22万軒近くもあったという。余談だが「ムーンシャイン」は密造酒のこと。当局の摘発から逃れるため、月夜の晩に酒を密造していたことが由来。

●古書店の最上階が知る人ぞ知るラウンジ
神保町の古書店、小宮山書店の上階には『サロン書斎』という文壇バー的なサロンが。エレベーターでのみ入口にたどり着ける。

られない。
初めて訪れたとき、まずマスターにそのことをたずねてみると、「テント外すだけで30万円もかかるって業者に言われちゃいまして。それなら、お客さんに還元できるお金の使い方をした方がいいかと……」とごもっともなご回答が返ってきた。

その言葉に偽りはなかった。私はツマミを頼んで仰天することになる。

ちょこんと立つ看板を目印に、階段を上っていこう。

◉ツマミ
ビール1杯の注文につき、つまみのオーダー1品がルール。ビールを頼まずにツマミだけを頼んでいくお客が現れはじめたため、ルールを敷くことに。破格のツマミはどう考えてもサービス価格。おいしいツマミを提供し続けてもらうためにもわきまえよう♪

ツマミは100円台からあって200円・300円台が中心。大山《だいせん》地鶏のレバーパテ（300円）は値段から想像していた以上のボリュームがあり、濃密でしっとりなめらか。う、うまい……！　次にポテトサラダを頼んでみると、ポテトの山に存在感たっぷりの厚切りベーコンが寄りかかっている。値段を見直してみるとこれで220円。ああ、想定外のサプライズ……！　「うわ〜、うわ〜」と感涙にむせいでいると、隣に座っていたおじ様が「知らなかった？　ここはスパゲッティもスゴいんだよ〜。今日はメニューにないけどね」とホクホクごきげんな顔で教えてくれる。その情報、スパゲッティがある日に聞きたかった……！

ドラフトビールは毎日10種を用意。クラフトビールに目覚めた若い世代だけでなく、ご近所のおじ様たちにも愛されているローカルで垣根のない感じ、ほのぼのするわ〜。

店内にはカウンター、テーブル席、そして寒い時期はこたつ席（！）も登場する。本棚には小説や漫画も置いてある。マスターは一見、機嫌が悪そうなのだけれどどこれがそうでもない模様。ぶっきらぼうでいて、お客の一挙一動を見逃していないような気配りを見せる。

極私的なことでいえば、私はよく初対面の人に「いとこの○○ちゃんに似てる〜」「地元の同級生にそっくり」と結構な高確率で言われる。要するにありふれた人相ということなのだが、私の方はというと一度会った人の顔だけはすぐに覚えてしまう。だからこちらは相手のことをわかっても、先方にはポカンとされることがあまりに多いの

●**北森鴻**
きたもりこう（1961〜2010）。日本の推理作家。『螢坂』（講談社文庫）は三軒茶屋の路地裏にあるという設定のビアバー『香菜里屋』のマスターを主人公にした連作短編集第3弾。ほかに『花の下にて春死なむ』『桜宵』『香菜里屋を知っていますか』（いずれも講談社文庫）がある。

ポテトサラダには立派なベーコンが寄り添っていた！

工夫を凝らして冷蔵庫に取り付けられたタップ。

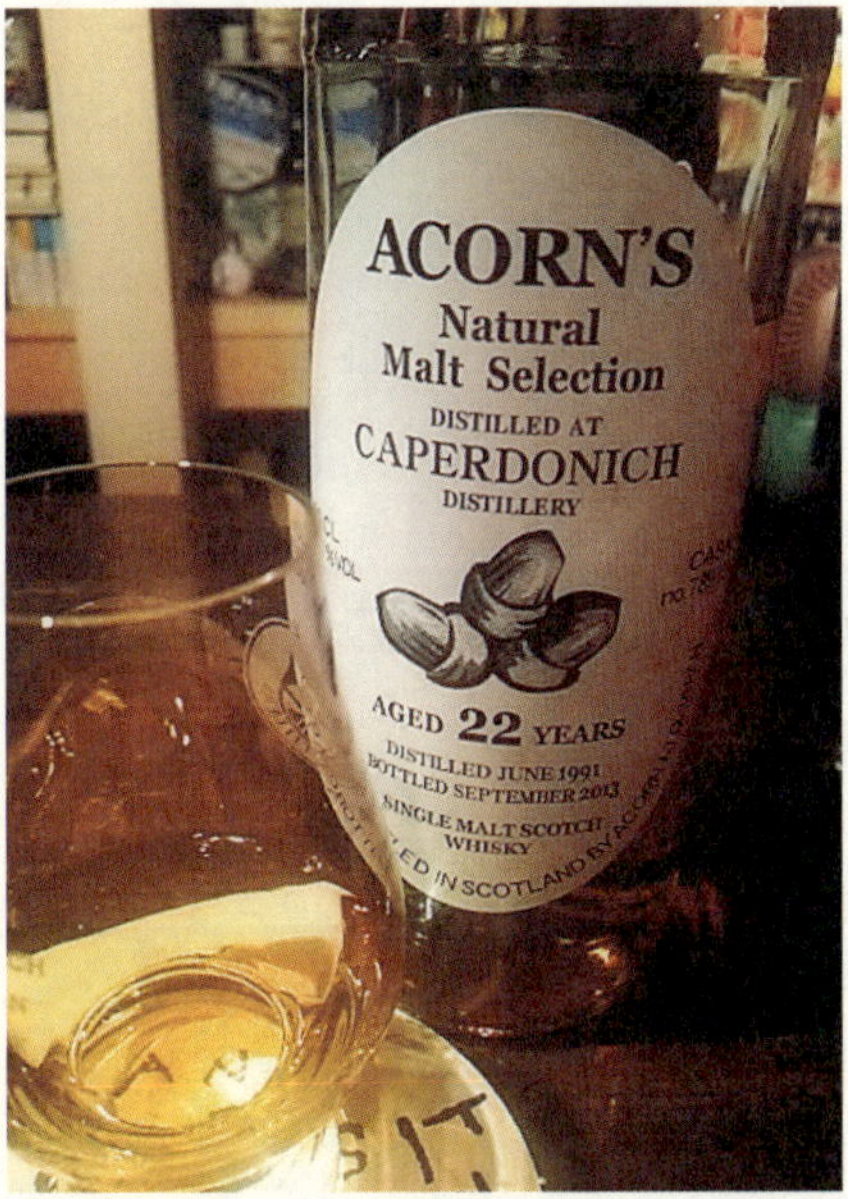

どんぐりラベルのモルトは甘い香りと柑橘系の余韻。

店内は広々していて気ままにくつろげる。

で、相手が気づくまで自分から声をかけないようになってしまった。でもこちらのマスターときたら、２回目の訪問で顔を覚えているだけでなく、会話の中でさりげなく名前も呼ぶ。プロフェッショナルな姿勢を感じるのです。

「店を開くなら、この小説に出てくるようなバーにしたいと思ってたんです」

あるとき、マスターが手渡してくれたのは、北森鴻の『螢坂』という小説だった。そこに登場するビアバーがキーとなり、不思議と人をつないで物語が進んでいく。おいしい料理があり、つかずとも離れない気の利くマスターがいて、明るすぎも暗すぎもしない店内は大人が落ち着いて飲める雰囲気で満ちている。いつもほどよく空いていて、黒い路地の向こうに明かりをぽってりと灯している。

ページをめくって思った。多少へこんだ気持ちでバーの扉を押しても、帰る頃にはちょっと元気が出ている感じ、通じるものがあるなぁ。「あそこに寄ろう」と思える隠れ家があれば、多少の壁も乗りきれる気がする。

本来ならばんばん取材してばんばん紹介したいくらいだけど、密やかにとっておきたい気持ちもある。やっぱりここはスピークイージーだ。

Craft Beer & Whisky Bar Transit

クラフト ビア アンド ウイスキー バー トランジット

「乗り換え」を意味する店名どおり、東急線の乗換駅・旗の台駅からサクッと立ち寄れる立地。マスターはモルト専門バーの店長を務めていた経歴があり、好みを伝えてウイスキーをピックアップしてもらうのも手。チャージ無

東京都品川区旗の台 5-13-12 佐藤ビル 2F

☎ 03-6426-7788

第5章

カルチャースポットの愉しみ

庭園の茶屋をチェックせよ

名園でいただくお酒は格別なり in 後楽園・横浜

東京という都市は、首都でありがながらその中心に緑の森を抱えている希有な都市である。フランスの哲学者、ロラン・バルトは著書の中で東京のことを「この都市は中心をもっている。だが、その中心は空虚である」と表現している。「森」「空虚」とは皇居のこと。フランス生まれ、フランス育ちのバルトさんから見れば、聖堂や広場が都市の中心に設けられているヨーロッパと比べて、お濠に囲まれた緑が大都市の中心を占めていることが奇異に映ったのかもしれない。

市井の散歩好きにとっては、バルトさんが着眼した皇居の森は、都心にいながらにして四季の風流を愛でられるスポットである。周囲はグルグル目まぐるしくいろんなものが回っているが、その中心部は意外なほど静かで平穏な時間が流れている。春の桜、秋の紅葉。ベストシーズンに名所に旅立ったり、山に分け入ったりするアクティブさを持ち合わせていなくとも、ここならすぐ来られる。皇居ならずとも、東京には緑豊かな都立庭園が点在。外界と異質の時間が流れる小トリップを楽しむのもいい。

◉ロラン・バルト
（1915〜80）。現代思想に多大な影響を与えた、フランスの哲学者、批評家。

◉著書
バルトが1970年に発表した『表徴の帝国』。66〜68年に日本を訪れた際の印象をもとに、記号論（ある事象を別の事象で代替して表す手段）の立場から独自の日本文化論を展開。

たとえば、浜離宮恩賜庭園。堀で隔たれた園内は、都会とは思えない別天地。都内で唯一、東京湾の海水を引く「潮入の池」を望めば、その先には汐留の高層ビルがにょきにょき伸びる。江戸時代を代表する大名庭園越しの、近未来的なビル群の眺めに不思議なタイムレス感が湧いてくる。お弁当の持ち込みができるので、レジャーシート1枚を持って、銀座のデパ地下で好きなものを仕入れてピクニック気分を味わうという手もある。両手両足ぐーんと伸ばして、大あくび。大変に余は満足なのである。が、なにかもの足りない。なんかこう、シュワッとしてて……ゴクッといけて……、フワ〜ッと気分よくなれるような。要するに、飲みたいのである。

その点、小石川後楽園は左党ならきっと泣いて喜ぶ庭園である。私なぞ、年間パスポートがあったら買いたいくらいだ。

庭園があるのは、後楽園駅と飯田橋駅の中ほど、東京ドームのすぐ近く。黄門様こと徳川光圀《みつくに》公ゆかりの、神田上水を引き入れてつくられた回遊式築山泉水庭園である。当時重んじられていた儒学思想のもと、中国の名所を名付けた景観をちりばめてあり、山水や田園などを表現した豊かな造りとなっている。ここもまた春の桜、秋の紅葉と見ごたえがある。

ある夏の暮れ、連れと訪れてみたら、緑豊かなだけに容赦ないヤブ蚊の猛攻！折からの残暑も極まり、早々に退散し、園内の「涵徳亭《かんとくてい》」にある食事処へ逃げ込んだ。

◉浜離宮恩賜庭園
築地市場駅、新橋駅などから徒歩圏内。東京湾の水を引き込んだ潮入の池と、鴨場をもつ江戸時代の代表的な大名庭園。池は海水のため、エイなど汽水の生物が見られることも。

◉レジャーシート
浜離宮恩賜庭園内の裏山横の芝生広場で敷くことが可能。

入店したのは初めてである。何気なくメニューを手に取り、思わず2度、いや3度見した。「生ビール300円」「ビール大瓶450円」。連れと顔を見合わせる。「安っ!」。

アルコールメニューのない庭園もあるなか、生ビール様と会えただけでもありがたいのに、いいぞいいぞ、この良心価格! しかも大瓶は赤星で、ますます頬がゆるむ。

陽が傾きはじめ、夜の部の営業時間に差し掛かると、入口に近い座敷席から、奥の広間のテーブル席へと移動させてくれた。窓が広く、窓辺の席からは緑の美景が望める。さらには夜の部から酒類が増え、きちんとした料理からツマミまで注文できる。

店のおねえさんが品書きをのせたザルを持ってきた。「厚切りハムカツ」「ソース焼きそば」「たたみいわし」「冷やしトマト」「大イカ一夜干し」「塩らっきょ」「とろほっけ焼き」「ポテトフライ」。

なんだなんだ、このヤングからシルバー世代まで食指をそそる品書きは。こんな楽しい茶屋だったなんて。名園でこれほど幸せなくつろぎ方をしていいんでしょうか?

誰に問うたのか、その答えを待つまでもなく数日後には再訪した。入園券を買わずとも入れる涵徳亭へ直行。すっかり〝茶屋飲み〟に味をしめてしまった。

場所は飛んで、神奈川県横浜へ。 広さでいったら小石川後楽園の約2・5倍、17万5000㎡という広大な敷地の国指定名勝「三溪園」にも、立ち寄りたい茶屋がある。

三溪園は、生糸貿易で財を成した実業家で茶人の原三溪によって造られた日本庭園。

◉涵徳亭にある食事処

料理屋『美都屋《みとや》』が営んでおり、食事と甘味中心の昼の部、夜の部に分かれている。入口は園外にあり、食事のためだけなら入園料不要で、閉園後も営業している。ただし、一般営業をしていない場合もあるので、事前に電話確認をしておくのが安心。要予約で部屋を借りて食事会を催すことも可能。

◉赤星

サッポロラガービール。130年以上前に生まれた、現存する最古のビールブランド。

『待春軒』では、オリジナルの三渓麺とにごり酒を。

涵徳亭での一献。旬のおつまみ盛り合わせ1000円、豪華〜！

三溪園の名園を望み、ゆったりした時間を過ごせる『待春軒』。

どこの駅からもやや距離があるのでアクセスはしづらいが、京都や鎌倉などから移築された価値ある古建築がお見事。重要文化財10棟・横浜市指定有形文化財3棟が配置されている。草木花の手入れが行き届いており、四季折々の自然美にも心が洗われる。

園内には3軒の茶屋がある。『三溪園茶寮』は自家製たれの手焼き団子やお抹茶セットを用意。『雁ヶ音茶屋』はさっぱりとした醤油味の三溪園ラーメン、味噌おでん、そばなどを楽しめる。そして『待春軒《たいしゅんけん》』には、創設者・原三溪考案の「三溪麺」なるものが。いずれもアルコールを提供しており、もっとも気になる『待春軒』にお邪魔した。

牧歌的な店構えで、広くとった窓からは自然光が差し込み、庭園に植わる木々が望める。さっそく三溪麺を注文してみた。

運ばれてきた丼には、錦糸玉子と細切りのハム、インゲンの下に、挽き肉やタケノコ、シイタケ、ネギが入る甘辛い餡のような具が敷いてある。汁はなく、麺は軽く炒めてあって温かい。細いうどんのようなルックスで、懐かしきソフト麺、あるいは味付け前のナポリタンスパゲッティのような食感。具とよく絡めると、口中にどこからか中国の風が吹き抜けるのは、ここが多くの華僑が活躍した横浜だからか。

お酒はにごり酒にしてみた。「三溪麺」の甘辛の具と、にごり酒の醪《もろみ》のかすかな甘さと酸味が相乗する。キレがよく、ゴクリと飲み込んだ後の余韻が引き締まる。

窓から望む小雨降る冬山が、いっそう叙情的に見えてくる。茶屋の小さなお愉しみで美景はさらに心に深く、由緒ある庭園が少しだけ身近に感じられる。

飲むために行きたい!?
ナイスな茶屋のある名園

小石川後楽園

江戸時代初期、1629 年（寛永 6）に水戸徳川家の祖である頼房が、江戸の屋敷の庭園として造りはじめ、二代藩主・光圀の代に完成。土・日・祝の庭園ガイド(無料)も楽しい。入園一般 300 円

東京都文京区後楽 1-6-6
☎ 03・3811・3015

三溪園　さんけいえん

1906 年（明治 39）5 月 1 日公開。新進芸術家の育成と支援の場ともなり、前田青邨、横山大観など近代日本画を代表する多くの作品が園内で生まれた。入園一般 500 円

神奈川県横浜市中区本牧三之谷 58-1
☎ 045・621・0634

併設カフェでアートの余韻とともに

邸宅美術館で優雅なる妄想 in 目黒・品川

妄想は自由だ。たとえ身分違いなものであろうとも、誰にでも許される自由なのである。瀟洒な三菱財閥のお屋敷、池之端「旧岩崎邸庭園」で。あるいは、ブルーノ・タウトが設計した太平洋を望む別荘、熱海「熱海の家（旧日向邸別邸）」で。「ここが自分の住まいだったら」と夢想してみる。ときには旅先で訪れた城でも。結果、「こんなに広くちゃ掃除が大変」とあっさり現実に舞い戻るのだけれど。

多くの美術館は、展示はもとより建物自体が作品のようで、建築も鑑賞しがいがある。ミュージアムショップには、作品にちなんだグッズや、一風変わったオリジナルグッズなんかがあるので必ず立ち寄ることにしている。併設のカフェのチェックも怠らない。どんな造りになっている？　アルコールメニューは？　値段はいかほど？　と、つい散歩の〝掘り出し物〟がないか下見してしまう。

鎌倉の鶴岡八幡宮の境内に建つ『神奈川県立近代美術館 鎌倉館』には『喫茶室 ピナコテカ』があり、大きく開かれたテラスからは平家池が一望。参拝のルートとはま

●旧岩崎邸庭園
１８９６年（明治29）、岩崎彌太郎の長男で三菱財閥第三代社長の久彌の本邸として建てられた。瀟洒な洋館、撞球（ビリヤード）室、和館の３棟が現存。設計は御茶ノ水のニコライ堂などを手がけたジョサイア・コンドル。

●熱海の家（旧日向邸別邸）
実業家・日向利兵衛の別荘の離れとして１９３６年（昭和11）竣工。太平洋を望む断崖に建ち、竹や桐を多用した社交室、一部に広い階段を備えた洋室、和室の３室から成り、桂離宮や伊勢神宮など日本古来の様式美を意識している。ドイツ人の建築家で都市計画家であるタウトの設計では、日本に現存する唯一の建築物。

るで違うアングルで蓮池を望めるのが新鮮だ。

ル・コルビュジエの愛弟子によるモダニズム建築も興味深い。同美術館の葉山館になると、併設レストランから御用邸の松と海を見渡せるナイス・ビュー！　目の前には浮遊感のある開放的な景色が広がる。いずれも入館者のみの利用なので、昼下がりなどゆったりと過ごせて優雅な気分が味わえる。

優雅さなら、かつては邸宅だった建物を生かした美術館はとびきりだ。

2014年11月、3年の改修・新館工事を経てリニューアルした東京都庭園美術館。もとは朝香宮鳩彦王《あさかのみやはとひこおう》なる宮様の邸宅である。アール・デコ様式の粋を凝らした本館は、それは優美でモダン。建物自体がアール・デコの美術品のよう。天然石を敷き詰めた

◉愛弟子
坂倉準三（1901〜69）。友人だった岡本太郎の南青山の自邸（現・岡本太郎記念館）、東京日仏学院（現・アンスティチュ・フランセ東京）の設計なども手がけた。

上より、香水塔。正面玄関のモザイク床。1階の客間から2階の家族の居室へ通じる第一階段。アール・デコ特有のパターン化された花模様で統一。

原美術館は階段のラインや光もアーティスティック！

『カフェ・ド・パレ』は屋外席も気持ちいい。

ガーデンバスケットはこの内容とボリューム。幸せ。

食器はノリタケと共同開発した庭園美術館オリジナル。

モザイクの床にガラスのレリーフ扉と、正面玄関からして相当に美しい。

1階は小客室や大食堂を配した、おもに来客用のスペース。小客室から大客室をつなぐ部屋にある、「香水塔」というオブジェは、照明の熱で香りを漂わせて来賓をもてなしたことからそう呼ばれるようになった。なんてエレガント！

2階は、殿下、妃殿下、若宮、姫宮の寝室や居間といった、家族のプライベートな部屋が続く。見上げると、部屋ごとに照明のデザインが違っている。金平糖のようなカラフルな星形のものや、クラゲのようなレースのついたもの、幾何学的なデザイン。う〜ん、どれもこれも優美。部屋の隅の通気口やラジエーターを囲うカバー、階段の装飾……と見逃してしまいそうに細かい部分まで意匠が凝らしてある。部屋から部屋へ移るたび、階段を伝うたびにうっとりため息が出る。

ここがもし住まいだったら。小市民（41歳・♀）の妄想は膨らむ。目覚めたら、白と黒の国産大理石を敷き詰めたベランダで日本庭園を一望しながらラジオ体操。緑のフランス産大理石を壁にあしらった西洋バスで朝のひとっ風呂を浴び、光が差し込む書斎でがんがん仕事に励もう。めどがついたら、夏は涼しい北側のベランダでビールをプシュッと、冬なら屋上階に設けられた温室にてホットワインでひと息いれて……と、超一級の調度と建築に反し、夢見る行動が庶民的すぎなところが情けない。

リニューアルに合わせて、新館にカフェ『カフェ・ド・パレ』が誕生した。オープン当初はアルコールの提供をしていなかったが、クリスマス期の夜間延長営業の際に

◉アール・デコ
1910年代〜30年代にかけて世界中で流行したさまざまな装飾スタイルのこと。日本では大正ロマン、昭和モダンといった名称で新しいデザインが受け入れられていった時代である。

ワインを出したらこれが好評。レギュラー化を望む声に応え、国産のワインとビールが通常メニュー入りした。美術館の存在が「日本の中にある西洋的な建物」であることから、お酒も「西洋的なものでも国産品を扱おう」という考えからである。

明るい光が注ぐカフェでのランチ＆ワインなんて、鼻歌でも歌いたくなる気持ちよさ。チョコレートのシフォンケーキと赤ワインを合わせる女性客もちらほら。邸宅訪問の余韻に浸るにはぴったりなのだ。

〝邸宅美術館〟なら、品川「原美術館」も外せない。お屋敷街、御殿山の閑静な住宅街にあり、現代美術を中心とした展示を行っている。現・館長のおじい様の私邸として建てられたもので、ヨーロッパモダニズムを取り入れた建物は日本建築史上でも貴重な存在である。ＧＨＱに接収されたり、しばらく空き家となっていた時代を経て、１９７９年に美術館としてオープンした。

１階はもともと食堂や書斎などがあったところ。大きなアールがかった窓を配した半円形の部屋が、ひと際居心地がよさそうで気になる。聞けば、朝食をとるための部屋だったという。竣工当時は、部屋から東京湾の水平線の一部が望めたとも聞く。優雅だ～。２階には寝室やバスルーム、子どもたちの部屋が配されていた。

カフェがオープンしたのは開館から約６年後。ミュージアムショップと共に館長たっての考えで設けられた。海外の展覧会に行くことが多かったため、「作品を鑑賞

◉おじい様
原邦造（１８８３～１９５８）氏。戦後、日本航空や東京ガスの会長など要職を歴任した実業家。

◉ヨーロッパモダニズム
20世紀初頭から起きた芸術運動。建築ではドイツのバウハウス派、オランダのデ・ステイル、ロシア構成主義などがそのひとつで、機能性や合理性を重んじ、過度に装飾しないスタイルがみてとれる。

するだけでなく、食事やお茶、お酒を楽しんだり、記念の品物を買ったりとゆったり過ごす場所が必要」と、現地で身をもって感じたからだ。

美術館併設のカフェとしては先駆け的存在で、シャンパンはハーフボトルだけでなく、フルボトルまで守備しているのはさすがです。

週末に登場する「ガーデンバスケット」（数量限定、2名分で4750円）は、カフェで過ごす時間が格段に楽しくなるメニュー。ハウスワインのフルボトル1本に、骨付きのソーセージ、フレンチフライポテト、ラタトゥイユ、季節のデザートなどの料理がもりもり付く。通常、単品のフルボトル1本が4750円ということを考えれば、なんとおトクか！　現代美術はいまだよく理解できていないが、ガーデンバスケットがいかにサービス心溢れるメニューなのかはよくわかる。

カフェが面する中庭の芝生には屋外作品も置かれている。晴れた日はことに気持ちがいい。スタッフの方が教えてくれた。

「中庭でガーデンウェディングができるんです。立食でも着席スタイルなどご希望を聞いて、お料理もこちらでご用意します」

美建築と現代アートに囲まれて、美術館で結婚式ができるのですと？　妄想のネタがまたひとつ増えてしまった。

アーティスト・奈良美智が手がけた、アトリエをイメージした作品（奈良美智「My Drawing Room」2004年8月～ 制作協力：graf）。原美術館。

こんな美建築に住んでいたら……
妄想かけめぐるミュージアム

東京都庭園美術館

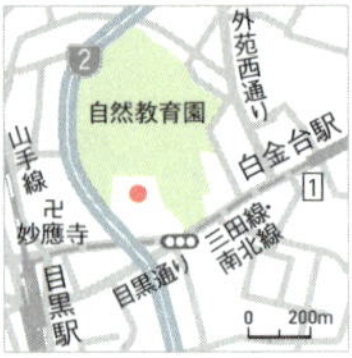

1933年（昭和8）竣工し、83年に美術館として一般公開。外務大臣公邸、プリンスホテル迎賓館としても使われてきた歴史的建物で東京都有形文化財に指定。隣接する国立自然教育園とセットで楽しむのも吉。

東京都港区白金台5-21-9
☎ 03・5777・8600（ハローダイヤル）
☎ 03・6721・6067（カフェ・ド・パレ）

原美術館

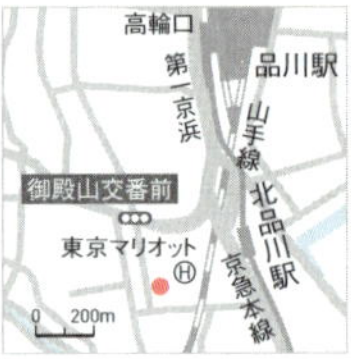

実業家・原邦造の私邸として1938年（昭和13）竣工。設計者・渡辺仁は、東京国立博物館本館や銀座和光を手がけた人物。カフェでは、開催中の展覧会に合わせたオリジナルの「イメージケーキ」も用意。

東京都品川区北品川4-7-25
☎ 03・3445・0651

第6章

そば屋酒を嗜む

お江戸もかくやの昼酒で極楽気分

憧れの老舗でそば前&王道ツマミ in 神田

もう何段も、大人の階段は上ってきた。そば屋で一献、という嗜みを知ったときは、2～3段一気に駆け上がってしまった気分であった。昼下がりのゆるりとした時間に、地味ウマなツマミでお酒を嗜む。そば屋の昼酒というものは、不思議と罪悪感がない。ひとり客が多いし、飲んでる人も多いし。江戸の頃から昼酒ウェルカムな空間なのである。「こんな極楽があったのか」と、お猪口をキュッと傾けて大人になった喜びをひしひし噛みしめる。

　ものの本によると、そば屋は「黄昏時のパブとして利用された」とある。現在のような細いそば切りが生まれたのは江戸中期以降といわれていて、江戸っ子の間でものすごい速さで流行り、一世を風靡した。地方と違い、江戸では食事というよりは趣味食という位置づけ、そば屋で過ごすひとときは、パブで一服するようなちょっとした息抜きであり、くつろぎの時間だったわけである。

◉ものの本
杉浦日向子著『お江戸風流さんぽ道』（小学館文庫）。江戸流ファッションや江戸っ子の食文化、社交場、色と恋などをわかりやすく概説。庶民の息づかいが生き生きと感じられる江戸案内書。

◉そばがき
そば粉に湯か水を入れ、加熱しながら練ったもの。木の葉型に形を整えたもの、練ったままのポヨンと柔らかいもの、湯に浮かべたものなど店の個性が出る。ワサビを添え、そばつゆや醤油を付けて食べる。

◉老舗
江戸の頃から続くそば店の老舗には、藪、砂場、更科がある。

そば屋で飲んでいるというのに、私は銭湯のリラックス感を夢想する。まだ空いている夕暮れ前、高い高い天井の窓からは光が差し込み、立ち上る湯気がその光に照らされている。湯に体を沈めて湯気を仰げば、こぼれるのはくつろぎのため息。ほかほか上気した肌の水滴を拭い、脱衣所のそこらに置かれた椅子に腰かけて、熱が冷めるのをただぼうっと待つ。そんな気の抜けるひとときに似ている気がするのだ。

そば屋特有の〝形式美〟にも惹かれる。器はそば猪口にせいろ、丼とシンプルなお決まりのスタイル。ツマミだって、そば屋といえばこれ、というものがある。そば味噌に焼き海苔、板わさに出汁巻き玉子。アナゴや鴨焼きなんかも定番で（ああ、よだれがでてきた）、基本はそばに用いる種物の素材がアテになっている。

そばがきなら純粋にソバの実が持つ本来の香りや味を堪能できるし、伸びないのでお酒のお供にはそば切りより向いている。けれどそこでお腹をいっぱいにするのはもったいなく、前述のツマミにどうしても目が奪われて毎度頼み損ねてしまう。

そば切りを手繰ってクライマックスを迎えた後は、穏やかなそば湯でシメればお腹がストンとおさまる。こんな一連の流れにも風情がある。

老舗でありながら庶民的、通し営業で昼飲みに寛大な老舗『神田まつや』を訪ねると、完成された形式美に惚れ惚れしてしまう。そば前をゆるゆる愉しむことはもとより、この店の、この空間の一部になりたくて足を運ぶようなものかもしれない。

店があるのはかつて連雀町といわれていた一帯で、奇跡的に第二次世界大戦の東京

◉そば前
江戸っ子たちは、そば切りを注文して供されるまでの間に酒を飲んだことから、そば切りを食す前のお酒のことをいう。

◉『竹むら』
1930年（昭和5）創業で、現在も建物は開店時の築。自家製の餡を用いるあわぜんざいや揚げまんじゅうがことに有名。

◉『いせ源』
1830年（天保元）創業、建物は1932年（昭和7）築。味噌を入れたり、肝を溶くどぶ汁にせず、秘伝の割り下で煮たてる。

扉は２つ。向かって右側が入口、左側が出口となっている。

ごまの香ばしさとコクが広がる。ごまそば。

焼鳥とゆばわさび。奥はそば味噌。ああ、酒が進むわい！

風格があるのに庶民的。凛としつつ気軽に赴ける雰囲気。

空襲をまぬがれた〝美建築ゾーン〟。歩いてすぐの場所に、甘味の『竹むら』、あんこう鍋の『いせ源』、鳥すき焼きの『ぼたん』があり、『神田まつや』を含め、いずれも東京都の歴史的建造物に選定されている。ぼたんの入れ込み座敷は奥行きといい、凝った意匠といい、それは見事なもの。スーツ姿のおじさんたちが、昔サイズのお膳を前にちんまりと鍋をつつく背中があれほど絵になる空間はない。それに、昭和テイストの喫茶店『珈琲ショパン』（店内のステンドグラス、緻密な彫刻をしたカップボードが秀逸!!）などもあり、グルマン垂涎の美食ゾーンである。

店名「まつや」にちなんだ松型の小窓の下にかかる暖簾をくぐると、お昼どきを過ぎた午後3時前だというのにほぼ満席、なんてことはざらにある。

ラベルに赤い星が輝く〈サッポロラガー〉ビールで喉を潤して……とゴキゲンになっていても、突き出しのそば味噌を舐めると、すぐさま日本酒が恋しくなる。お酒は〈菊正宗 特撰〉一本。六代目店主・小高孝之さんによると「一番オーソドックスでいて主張もある」というのが決め手なのだとか。異議なし、熱燗1本お願いします！

アテは何にしようかしらん。わさびかまぼこ（板わさ）はぷりぷりした食感の上等な代物。焼き鳥は、つくば地鶏を使っているというだけあり弾力があってジューシー♡

なにより、かえしを使った甘辛タレが、燗酒と驚異的な好相性を見せつける。ツマミは茶色やベージュといった枯れ色なのにきらめきがあり、渋い組み合わせなのにときめきがある。

◉『ぼたん』
1897年（明治30）頃より、鳥すき焼き一筋。さまざまな部位を堪能でき、シメの玉子かけご飯（あるいは親子丼ふうにも！）が感涙の美味。1929年（昭和4）築の3階建て。下足番、鉄鍋を熱する備長炭専門の担当者がいる。

◉『珈琲ショパン』
創業は1933年（昭和8）。餡こを食パンで挟んだ「あんプレス」、お汁粉のような味わいの「あんオーレ」はぜひもの一品。

◉松型の小窓
現在は曇りガラスだが、その昔はステンドグラスがはめられていた。

◉菊正宗 特撰
伝統的で自然な醸造法「生酛（きもと）造り」で醸してある。特有のふくよかなコクと旨み、そして抜群のキレがある。

そば屋はサクッと出るのが粋、が通説だけど、六代目は「長っちりでもいいと思いますよ」とまさかの大らかさ。過去には開店から閉店まで居続けた（！）という常連のご隠居さんや、昼と夜の一日2回のそば前を愉しみに来る御仁がいるという。

「そば屋酒の醍醐味は、シメにおいしいそばを食べられることです」と小高さんが言うとおり、ほろ酔いの頃に手繰るせいろの清々しさよ。一すすり目は何も付けず、二すすり目は少しだけつゆにつけて、三すすり目以降はどっぷりと……を実践してみたりする。舌を、のどを、ぽかぽか温まってきた体内を、冷たいそばが滑りゆく。うう、たまらん！

ズッ！　ズッ！　と小気味よくすする音も味わいのひとつ。なのだがぁー、これがなかなかうまくできない。

心は完全にそば食いの美学に染まっているものの、「ズビ、ズビビビ、ズビ」と思いきりが悪く情けない。粋な所作でこの空間に溶け込みたいのに。

大人の階段はまだまだ続く。下りることはできないけど、そう簡単に上りきれもしないのだ。

神田まつや

1884年（明治17）、福島家の初代・市蔵氏が創業。その後二代を経て、関東大震災後に小高家の初代・政吉が継承した。建物は昭和初期の築。そばは、10（そば粉）：2（小麦粉）の外2割ですべて手打ち。

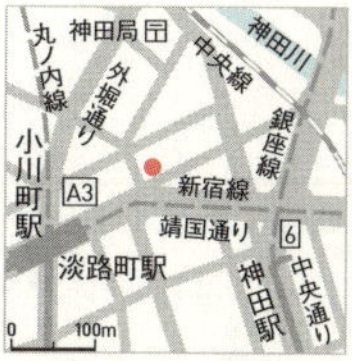

東京都千代田区神田須田町1-13
☎03・3251・1556

かけそばでシメて元気に帰ろう

出汁を味わう、出汁で飲むシアワセ in 銀座

せいろか、かけか、それが問題である。シメのそば選びは、ゆるゆるそば前を愉しんだ後のクライマックス。シャッキリ冷たいそばにするか、心が緩むぬくいそばにするか、毎度の大きな課題である。言わずもがな両方味わうのが理想で、胃袋の限界が近づけば泣く泣くどちらかをあきらめることになる。その点、同じ料理を心置きなくつつきあえる連れがいれば両方を味わえるわけで、最初はせいろ、最後の最後にかけそば。二段構えのフィナーレに頬はニンマリ、満足はこのうえない。

そば前からかけそばに流れる悦びを知ったのは、そば屋酒デビューから随分経ってからのことだったと思う。それまでは清涼な冷たいそばでシメなければいけないと、少々勘違いしていたふしがある。

かけそばには、せいろやざるとは違う魅力がある。店のスタイルによるが、冷たいそばのつけ汁とは別に温かいそば専用のかけ汁を作っているところが多く、濃厚で辛口のつけつゆに対して甘く柔らかい。ひと口すすれば、ふくよかな出汁の味わいが口

◉かけ
かけそばの略。湯がいたそばに、熱いつゆをかけたもの。ゆでて氷水で締めて盛るせいろやざると異なり、さらに温めるというひと手間がかかる。

◉つけ汁
辛汁とも呼ばれる。鰹節と昆布のみで出汁を引くそば屋が多い。

◉かけ汁
つけ汁より味が淡いので「辛汁」に対してこう呼ばれる。サバ節やムロ節などを使うそば屋もある。

お猪口は好きなものを選んで。あ、ネコ柄のカワイイ！

たっぷりのかけ汁にそばがゆらゆら。まず目で憩う。

店内はシンプルでいて、洗練されたセンスが光る。

見目も麗しき、穴子の煮こごり、ごぼう天、天ぬき。

中に広がり、喉を伝って五臓六腑にしみわたる。そばを手繰り、まだぬくいつゆで燗酒をチビリ。この出汁と日本酒が同調して溶けあう感じ、じんわり和むわぁ〜。温かいお酒でなければこうはなるまい。

ゴクリ、チビリ、ゴクリ、チビリ。いつしか指先、足先までほかほか。お腹は幸福で満ちている。かけそばには出汁の旨みを享受するという悦楽があるのだ。

銀座『成冨』のかけそばは、目からウロコがボロボロ落ちまくる一杯である。

朱色の塗りの器にたっぷり張ったつゆの中で、そばがゆらゆら。均整のとれた見目の麗しさに目を奪われつつも早々にそばを手繰る。なぜならつゆの温度は、ご主人の成冨雅明さんが「出汁を味わうのに最適」と考える、85〜86℃に設定してあるから。しかも一杯ずつ測って。「出汁はやや低めの温度の方がおいしさを感じやすいんです。でもぬるいと感じるほど低くなってはおいしさを損なってしまいます」。

つゆは柔らかく上品で、まるで日本料理店のお椀のごとし。ただでさえ汁飲み星人な私は一滴残さずに飲み干す自信がある。

「かけそばのつゆは飲むものと想定して専用に作っています。出汁は甘みがある北海道羅臼産の昆布と、血合い抜きの鰹節。かけそば用の器には口当たりのいい漆のお椀を使っています。取り分けたりせず、このまま召し上がってください」

かけそばの魅力とは、そばはもとより出汁の染み出たつゆを味わうということか。これを知ると、そば屋酒の世界がまた広がってくるんです！（キラキラ）

◉燗酒
温める温度により呼び名がある。
30℃前後「日向燗」
35〜40℃「人肌燗」
40〜45℃「ぬる燗」
45〜50℃「上燗」
50〜55℃「熱燗」
55℃以上「飛び切り燗」
ちなみに常温は20℃前後、自販機のホット缶コーヒーは52〜58℃。自宅でつけるなら、アルコール温度計「お燗メーター」が便利。

◉汁飲み星人
汁物に目がない。ご飯には味噌汁、スープが添えてないとかなりさみしい。うどん、ラーメンのつゆも気づけばうっかり飲み干している。

◉ぬき
お酒を飲んでいるうちにそばが伸びるのを避けるのと、シメのそばまで満腹にならないために頼まれることが多い。江戸時代からあるメニュー。

そば屋特有のツマミに「ぬき」がある。天ぬき、鴨ぬきの通称で、天ぷらそばや鴨南蛮からそばを抜いたもののこと。裏メニュー的な存在で、「天ぬき10年」（10年通わないと提供してもらえない）という言葉もあるくらいで、いよいよツウっぽい。『成冨』では、ぬきの出汁にはかけそばと違い、血合いの入った鰹節を使う。「かけそばの繊細なつゆと違って、天ぷらの油を受けとめてコクがでるように」との考えからだ。

目の前には、帆立と葱のかき揚げが浮かんだ天ぬき。初めはサクッとした食感が残っているが、やがて衣はつゆを吸い、ふにゃりととろける。揚げたてと違う、ふにゃ、とろ、じゅわ、の軟弱なタネがいい。口中にじわじわ広がる油とつゆが織りなす協奏曲！　心中では、立ち上がって拍手喝采しながらも、今さらながらそば屋のツマミは出汁つゆを享受したものが多いと再確認する。そこにかえしを組み合わせて、いかようにも展開していく。出汁巻き玉子は最たるもので、にしん煮、煮こごり、茄子の揚げびたし、焼き鳥などなど。そこに燗酒が寄り添えば、幸福度はマックスに達する。

出汁、燗酒、出汁、燗酒、出汁、出汁、燗酒……。

止まらない天国行きのループ。しみじみ旨い、しみじみぬくい。だから身の縮こまるような夜でも、元気に帰れるのだ。

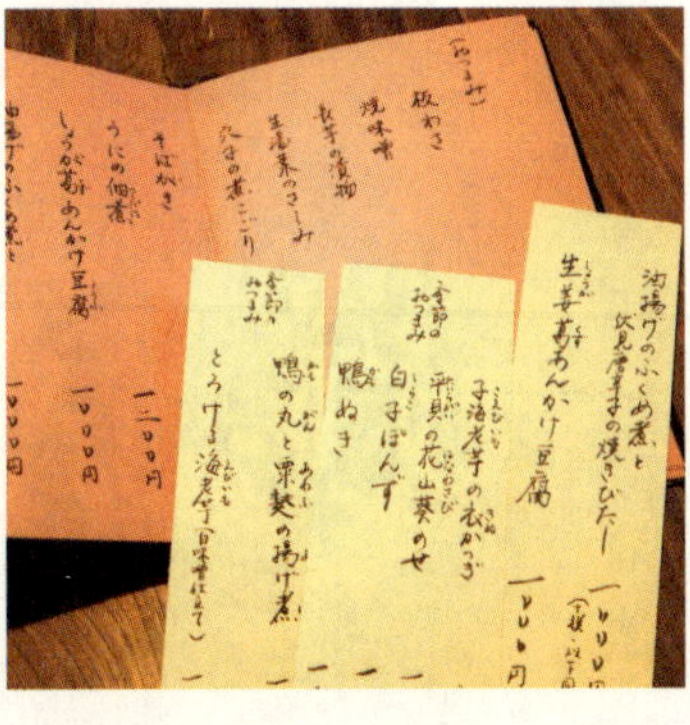

成冨　なるとみ

モダンな造りでカウンター席もあり。店主渾身の天ぷらは、春は蛤に山菜、夏は稚鮎、秋はアスパラ（南半球産）や松茸丸ごと一本、冬は白子と贅なる味覚が登場。作家ものの器、150年以上前の古伊万里のそば猪口も相当素敵。

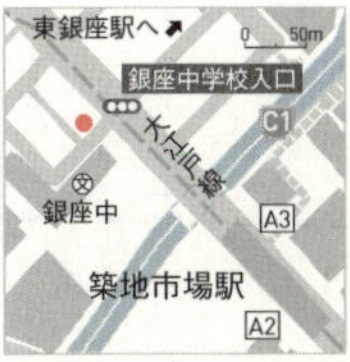

東京都中央区銀座8-18-6二葉ビル1F
☎03・5565・0055

精鋭ラインナップが待ちうける

そば屋で花開く、日本酒ワールド in 神田

そばが供されたなら、何はともあれそばが乾かぬうちに手繰るべし。が、鉄則だと思っていた。ベストコンディションを味わうなら、もちろんその鉄則を死守するべきだが、神田『周』の店主・田中宗孝さんはその概念をあっさり打ち砕いてくれた。

その日も一品料理と日本酒をあれこれ愉しみ、ようやっとせいろの注文にたどり着いた。厨房に近いカウンター席に座っていたこともあるが、注文後に店主からかかった声は「すぐ食べます？　つまむ感じでいきます？」。

つまむ感じ、ですと？

「お酒を愉しまれてるようなのでそばもゆっくり召し上がるかな、と。それなら多少時間が経ってもいいよう硬めに上げますね」。そう言って、後光が差す笑顔を投げかけた（ように見えた）。

そんな手があったのですか!?

運ばれてきたそばは、合間合間にお酒を嗜んでも玉になって固まることなく、最後

◉蔵元
お酒の醸造元、経営者。それに対し、実際に酒造りを行って酒の味を決める職人を杜氏（とうじ）といい、蔵元とはオーナーと契約・製造責任者といった関係。だが10年ほど前より、蔵元自身が酒造りを行う「蔵元杜氏」が増えてきた。

カウンター越し、店主の田中さんが酒を熱く語る！

石臼碾きのそば粉で手打ちした、もりそば。

ワインに合いそうなツマミもちらほら。

平飼い鶏の玉子焼、鶏レバー甘辛煮の土鍋仕立て、枡酒。

の一本までおいしくいただけた。ごく単純なことなのかもしれない。でもこの酒飲みへの寛大な配慮と懐の深さは感動的であった。

カウンターの前に一升瓶が堂々と並んでいる。ラインナップを見れば、目の虚ろな酔っ払い（私だ）に店主がやさしい眼差しを送ってくれるのもわかる気がする。〈天青〉（神奈川県）、〈村祐〉（新潟県）〈富久長〉（広島県）、〈喜一郎の酒〉（秋田県）、〈庭のうぐいす〉（福岡県）。挙げればきりがないが、酒場での現場実習で日本酒の勉強に励む身としては、どれも試してみたい銘酒揃い。日本酒愛飲者垂涎の揃えである。

聞けば、付き合いのある酒屋7軒に自ら足を運んで吟味し、蔵元との交流も深めているという。選ぶ基準は、「最後の一合までへたれない酒」。香りのいい酵母に頼るわけでなく、酒造りや火入れの技術そのものがしっかりしていなければいけない。お客として足を運んでくる蔵元には、「うちの酒もここに並ぶといいんだけどなぁ」とつぶやくお方もいるくらい。選ばれし、精鋭のお酒なのだ。

いま巷は空前の日本酒人気が沸いていて、一部の蔵元においては造るそばから売れていく状態だそう。原料の酒米が不足してしまう事態が起きているほどである。若い蔵元の活躍でフレッシュな感性、瑞々しい味わい、新しい試みの日本酒も登場し、百花繚乱の様相。日本酒専門店でとことん浸るのもやぶさかでないけれど、そば屋で精鋭の日本酒に巡り会えるというのもオツではないか。

◉酵母
日本酒は基本的に米と水からできており、お酒にするために必要なのが麹と酵母である。麹は米を糖分に変え、その糖分は酵母の働きによってアルコールと二酸化炭素に分解される。酵母の種類によって味わいだけでなく、澄んだ穏やかな香り、バナナやメロン、あるいはリンゴやパイナップルのような果実香など、香りにも大きく影響をおよぼす。

◉火入れ
低温殺菌のことで、火入れをすることで安定した製品となる。火入れをしていないお酒は「生酒」といい、フレッシュな香り、味を備えているものが多い。

◉自然派ワイン
無農薬や有機農法であったり、酸化防止剤を抑えていたりと、できる限り自然な製法で造られたワイン。「ヴァン・ナチュール」「ビオ・ワイン」とも呼ばれる。『周』では、ボトルワインのみの提供。

『周』では突き出しに、夏なら甘辛のそばつゆを用いる揚げナスの煮びたし、冬なら出汁で炊いた大根に鴨味噌をのせたものなどが登場する。〈ハートランド〉で乾杯しても、突き出しが出てきたらすぐさま路線変更、心と体は日本酒モードへとギアが入る。

田中さんは、1892年（明治25）創業の『上野藪蕎麦』で修業をした。そこで得た老舗の仕事が随所に光るも、黒板に書かれたメニューには「豚バラ肉のコンフィ 冷やしトマト添え」「白菜のピクルス」といった横文字もちらりと混ざる。そして「自然派ワイン」の文字も。

「うちに置くのは、醸造酒だけ。まだ日本酒しか置いてなかったとき、何種類も飲んでいたお客様が『仕上げの一杯は、今まで出してくれたものよりもっと軽やかで切れ味のいいものを』と望まれたんです。うちにはその日お出ししたもの以上に、好みに見合う日本酒はありませんでした。それでそば屋のつまみに相乗する自然派ワインに目を向けるようになったんです」

出汁とかえしを組み合わせて展開するつまみと、めくるめく日本酒。さらには自然派ワインかぁ。新しい世界が広がってしまう予感。

周　あまね

細い路地に位置。石臼碾きのそば粉を手打ちする。朝引きの鶏肉を用いた「くわ焼き」（タレを絡めて焼く）や「鴨焼き」も美味。日本酒は常時約20種が揃い、夜の営業から注文ができる。

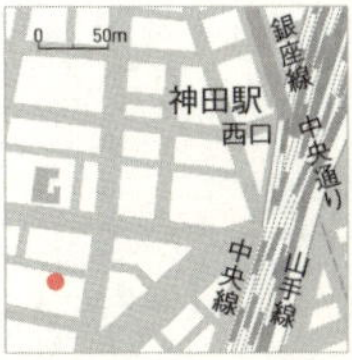

東京都千代田区内神田 2-4-11
☎ 03・3256・5566

小編
オンナひとり飲み
もの想い

みんなの親父

真人さんは立派な親父である。

恰幅がいいとか、頭部の毛根が残念なことになっているとか、加齢臭がすごい、ということではない。神田神保町の裏通りの一角、渋い酒場の三代目の主《あるじ》なのである。

店は『兵六』という。夕方5時きっかりに灯る大きな提灯が目印で、初代は居酒屋の店主らしからぬ、寡黙で恐ろしい人物だったと耳にする。「女だけでは店に入れない」「無作法な態度を取れば怒鳴られる」なんて、神保町一硬派な店と謳われたこともある。

店にはいまだに電話がない。名刺もレジもないし、携帯電話で話をするような無粋なお客もいない。縄のれんをくぐった先、窓に吊るす葦簀《よしず》で仕切られた中は、別世界が広がっている。

小さな店の大部分を占めるのは、ヒノキでコの字に組んだカウンター。その中心に、真人さんが立つ。店主になって16年。本格的に継いだのは29歳のときだった。

「僕よりずっと年上のお客さんが、先代を呼ぶように僕を『おやじ』と呼んだんです。若造だろうが不慣れだろうが、カウンターに入ることは店の親父になることなんだと腹をくくりました」

初代の甥っ子が、三代目として店を守る覚悟を決めたできごとだった。

私の実の親父はというと、すでに3年前にあの世に旅立った。もともと体がそう強くない病気の多い人で、母は苦労したようである。お酒が大好きで晩酌は欠かさず、働き盛りの頃は「付き合い」といっては外でよく飲んできた。

今から思うと意外と不器用な面があったのかとも思う。こんなことがあった。

父が歯医者の待合室で雑誌を手に取り、開いたページにたまたま私の署名記事が載っていたという。出先で思いがけず娘の名を目にした父親の感想は、「やばい、ってすぐページを閉じたよ」。なぜに？　どうして読まない？　感想のひとつでも聞かせてくれるのが親じゃないのか!?　私としてはどうにも腑に落ちない。

母は「照れてるんでしょ。男親ってそんなものよ」と笑っていたが、そんなものなのか？

お酒以外の趣味は、山登りと読書という生真面目な性分だった。

最期の病気は咽頭がんだった。手術で摘出できない場所にあり、進行していくと食事も水も飲めず、点滴でしか栄養分を摂れなくなった。つらい病気だった。

入院して闘病をしていたある日、母に本を買ってきてほしいと頼んだ。枕元に置いていた、山本周五郎の『泣き言はいわない』という本だった。解説には、「人間の〝生〟を真正面から肯定し、真摯に生きることの尊さを力説して、今なお多くの読者の魂をゆさぶり続ける。その全著作より、人間の真実を追い求めた著者ならではの、重みと暗示をたたえた心にしみる言葉455を抽出。人生に迷う老若男女に、生きる勇気と指針を与えてくれる名言集。」とある。

ど近眼なうえにさらに目も悪くなっていたが、しおりが進んでいるので、頑張って読んでいたようだ。日に日に悪化していく姿におろおろと狼狽える母や家族の誰よりも、父は現実的に自分の状況を受け入れていた。

その父親がたまに夢に出てくる。たいていは白いランニング&ステテコ姿で、家で新聞を読んだり、溺愛していた黒い雑種犬・クロを伴っていたりする。

直近の夢の中では、単身赴任をしているという設定になっていた。たしかにひとり先に逝っているのだからあながち間違いではない。近所に行きつけの小料理屋ができて、晩酌は毎晩そこでしているという。

「どんなもん食べてるの?」と聞くと「それはプライバシーだから」と答えをかわされた。なんでよ? お酒が入ったときのふざけた調子だったたから、夢の中でまで酒気帯びか? ま、元気そうでなによりだと思う。いや、死んでるんだけどさ。

「行きつけの小料理屋」というのが、『兵六』のような店だったらさぞ幸せな毎日だと思う。

正調なコの字形のカウンターはキュッとコンパクトで、酒場でありながら食卓のようでもある。ひとり客や常連客も多いから、たまに向かい合ったあっちとこっちとで会話が始まるけど、長引かせることもなくあっさり気ままに終わる。

「連れじゃないお客の酒の注ぎ合いはなし」という初代から伝わる暗黙のルールがあり、銘々が自分のペースで手酌する。話が弾んでお酒を注ぎ合っているうちに、サクッと一杯と思っていたのに帰るタイミングを逃してしまう、次回来ようとしたときに「またあの人に会ったら無視はできまい」と少々足取りが重くなる、といった至極些細なことだけどありがちな面倒を避ける意味もある。

家族が待つ家へ帰る途中、ひとりで飲みたい。ひとり住まいの部屋へ帰るまでのつかの間、みんながいる店で飲みたい。ここにやってくる理由は人それぞれで、一歩外へ出れば戻っていく先も人それぞれ。『兵六』は日常から少しだけ離れて、心を緩められる宙ぶらりんの空間だ。

　カウンターの構造上、お客同士がなんとなく視界に入るから、なんとなくキャラクターがわかる。丸太をつなぎ合わせた椅子は大した人数は座れなさそうに見えるのに、ガラリと戸が開くたび皆がギュッと詰めるので、不思議と後から入ってきたお尻もすっぽり収まる。話をかわさずともそこはかとない一体感がある。いつも誰かがいるのに、ほどよい距離感が保たれる晩酌仕様の食卓なのである。

　その真ん中には、きまって店主の真人さんがいる。初代からの慣わしで、真人さんは営業中の決まった時間に、晩ご飯の炒麺《ちゃーめん》を食べる。野菜と肉と麺を炒めた中華風のそばである。つまり店主となってからの16年間、定休日以外の毎夜、炒麺を食べ続けている。真人さんにとっては、ここは仕事場であり食卓である。

　初代の「コの字の中は男の仕事」という意向から、開店当初よりカウンターには男性だけが入る。二代目が急逝した時は、誰が店を継ぐか決まらず、しばらくの間は親戚の男衆が交代で店番をしていた。この「男しか入れ

ない」というあたり、やっぱり店主は食卓を見守る〝父親〟的な存在だと感じる。

　男性客が自分より年若の酒場の女性を「ママ」と呼んだり、店主を「親父」と呼ぶその人自身が誰かの父親であったりする。店の中においては、店主は象徴的な父親となる。そこに年齢は関係ない。

　今日が初めての来店だという隣席の着物美人が、真人さんにたずねる。

「初代の存在感が大きいと、継がれてからが大変じゃありませんでした？　常連さんが厳しかったりして」

「初めて当番になったときはまだ大学生で、その頃、金髪のロン毛だったんです。むしろ変なヤツが入ったっておもしろがられました。伯父さんと同じようにやるのは無理だから、おもしろがられるぐらいでいいと思ってたんです」

　お決まりの席に座っていた30年来の常連が話に加わる。

「あのときは、金髪でもロン毛でもいいから誰か入ってくれーって思ってたよ。だって継ぐ人がいなきゃ店はなくなっちゃうんだから。俺たちは、とにかく店が続いてこの店が

残ることがありがたかったんだよ」

道路拡張のために、1980年に店は建て直しをしている。その時は常連の建築家が、「これまでの雰囲気を壊したくないから自分にやらせてほしい」と設計を買って出た。

世界に誇る古書店街という場所柄か、誰かが真人さんにふとした疑問を投げかけると、居合わせたお客がそれとなく応える、ということもしばしば。知識豊かなお客が集う。壁には、店に訪れた作家や詩人の書や句が飾られている。中には著名な人も。

「でも伯父は、全然興味なかったみたいです。先生と言われる人たちよりも、自分が一番偉いと思ってた節があったんじゃないかなぁ」

初代・平山一郎さんは鹿児島県生まれで、戦中に上海へ県費生として留学をしていたくらいの優等生であった。終戦後に日本に引き揚げて、最初はカフェ、次に本屋を開いたがうまくいかず、3回目に開いたのが『兵六』だった。

薩摩の戯作文学に由来する店名と赤提灯を掲げたのは、東京でマイナーな「芋焼酎が飲める酒場だよ」という鹿児島県民に通じる符丁のようなものだった。

平山さんの人生を語るかのように、店のツマミには、きびなご丸干しや薩摩揚げといった鹿児島の味と、皮から手作りの餃子、豆腐、肉、野菜を炒めた炒豆腐《ちゃーどうふ》、野菜炒めのような炒菜《ちゃーさい》など上海で食べ慣れた料理が入り混じる。

芋焼酎「さつま無双」はお燗をつけるのが基本形で、白湯を入れたアルミの急須を添えて供する。お猪口の中でお湯割りにしたり、生と白湯を交互で飲んだり。好みで飲めるのがいい。

気難しい初代が唯一尊敬していたのが、中国の思想家・小説家の魯迅だったようだ。店主が腰かける定位置から一番よく見える位置には、魯迅の詩と写真が飾られている。カウンターの中と外、同じ空間にいても店を守る店主と憩うお客の目線は大いに異なる。その立場に立つ人しか見えないものがある。

実家の食卓脇、わずかばかりのスペースの書棚には、まだ父の愛読書が数冊遺っている。藤沢周平、司馬遼太郎といった時代小説が多く、あまり私は自ら手に取るジャンルではないけれど。2度目の成人式も過ぎた年頃、『泣き言はいわない』から読み始めてみようか。

ねぎ味噌を塗った揚げを噛みしめ、ぬるまったお湯割りをちびり。みんなの親父を前に、そんなことを考えている。

兵六
東京都千代田区神田神保町1-3
☎なし

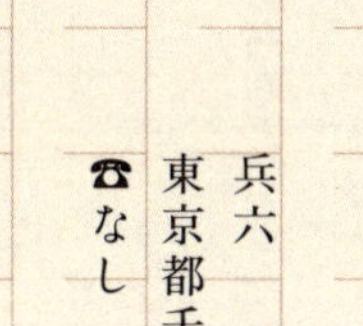

ひっく。

〝スキマ飲み〟といいながら、あちらこちら、行く先々で飲んでいますと隙間が隙間でなくなるような。仕事終わりに一杯飲んでくつろぐというより、むしろその一杯が飲みたいがために働く、知らない街を散歩する、と言っても過言ではありません。

実践できていないスキマ飲みプランはまだまだあります。朝6時から営業している銭湯、上野御徒町「燕湯」で朝湯を浴びて、早朝営業をする手打ちそば店、根津の『鷹匠』で朝酒を。旅の途中、出張の合間に地方の熟練バーテンダーの店へ訪れる。街場の未訪の角打ち行脚。早起きも遠方への道のりも、スキマ飲みのためと思えばむしろわくわく楽しみになってしまうのですから不思議です。居心地がいいと思う店が決して入りやすい店とも限りません。

原稿を書いているうちに、私のパソコンの文字変換は「よい（Good）」→「酔い」、「～のみ（Only）」→「～飲み」、「しゅこう（A device）」→「酒肴」とすっかり酒飲み仕様になりました。

そのパソコンの使い手である張本人に、いつも楽しい夢を見させてくれるバーテンダーの皆様、心意気あるお店の方々、この度は快くご協力くださり、本当にありがとうございました。

ライターになって約9年。なんの経験もない私に初めて仕事をくれたのが月刊『散歩の達人』の編集者、新垣奈都子さんと山口昌彦編集長でした。妄想記事を作って持ち込んだ私も私ですが、チャンスをくださったおふたりには感謝しつくせません。自分から「やりたい」といったくせに、いざ「やってみましょうか」とお返事をいただいたときは、その寛大さ、酔狂さに膝がガクガク震えたものです。

おふたりはこの本の編集をされています。今もお付き合いいただいていること、本当にありがたいです。心からの感謝を込めてパァーッと今から一杯まいりませんか??

……まだお昼でした。少々酔いが過ぎたようで。ひっく。

【参考文献】『新バーテンダーズマニュアル』　福西英三監修　花崎一夫・山崎正信・江澤智美　共著（柴田書店）
『世界一のカクテル』　中村健二（主婦の友社）

撮影：バー『コレオス』
2014年3月閉店に際し、
マスター大泉洋氏の愛機にて。

沼 由美子《ぬま ゆみこ》

1973年神奈川県生まれ。東洋大学文学部哲学科卒。営業職10年という会社勤務を経てライターへ転身。『散歩の達人』『男の隠れ家』『dancyu』『Hanako for Men』などで、街歩きやグルメ、書評等を多数執筆。大の散歩好き、カレーと銭湯も好き。取材・執筆を手がけた著書に、ご飯が進んでしょうがない日本全国の品々を集めた『ご飯の友』（リトルモア）。

オンナひとり、ときどきふたり飲み

2015年3月24日　第一版発行

著者　沼 由美子

デザイン　斉藤いづみ [rhyme inc.]
イラスト　アベミズキ
地図　ユニオンマップ
写真　オカダタカオ（p140～145）
編集協力　菅原工房
編集　新垣奈都子
編集人　山口昌彦
発行人　江頭 誠
発行所　株式会社 交通新聞社
〒101-0062　東京都千代田区神田駿河台2-3-11 NBF御茶ノ水ビル
編集部☎03・6831・6560　販売部☎03・6831・6622　http://www.kotsu.co.jp/
印刷／製本　凸版印刷株式会社

ISBN978-4-330-55215-6